숨어 있는 한국 현대사
2

숨어 있는

구한말에서 베트남전쟁까지, 아무도 말하지 않았던 그날의 이야기

한국 현대사

임기상 지음

2

인문서원

우리 현대사,
똑바로 응시하기

『숨어 있는 한국 현대사』를 읽은 독자들의 반응은 비슷했다.

"충격을 받았다", "분노가 치밀었다", "고작 한두 세대 전에 이런 비극적인 일들이 있었다니……", "이렇게 훌륭한 분들이 있었다는 걸 미처 몰랐다."

당연한 반응이다. 일제 강점 이후 1987년 6월 항쟁까지 조선총독부와 이승만 독재정권, 군사정권이 역사의 진실을 은폐하고 권력을 이용해 사실을 조작했으니 말이다. 안타까운 것은 역사학계마저 조선사편수회 출신의 친일학자들이 장악해 다음 세대가 꼭 알아야 할 역사적 진실을 숨기고 왜곡한 점이다. 그렇게 세월이 흘러간 것이다.

지난 100여 년 간 우리 민족은 3가지 격변에 휘말려 온갖 수난을 당하게 된다.

1. 일제 강점기에는 빼앗긴 나라를 찾기 위해 투쟁을 벌였다.
2. 해방 직후에는 좌우익의 이데올로기 투쟁에 휘말려 결국
   내전에 돌입했다.
3. 무승부로 끝난 한국전쟁 후에는 가난에서 벗어나기 위해
   무지막지한 중노동에 시달려야 했다.

가난에서 벗어나자마자 이제는 자유롭게 말하고 내 손으로 대
통령을 뽑을 수 있는 정치적 민주화를 달성하기 위해 거리로 나섰
다. 그 결과 세계사에 유례가 없는 짧은 기간에 민주화와 경제 발
전이라는 2가지 커다란 과제를 동시에 달성했다. 식민지로 전락했
던 나라 중 유일하게 해외 원조를 시작한 기적을 만든 것이다. 이
과정에서 얼마나 많은 분들이 생명과 재산을 잃었을까?

현대사를 공부하면서 가장 가슴 아픈 일은 해방 후 한반도 남
단에 민족반역자들이 득세하면서 독립운동가를 탄압한 일이다. 친
일 세력이 친미파로 둔갑해 이승만-박정희-전두환 독재정권을 뒷
받침하면서 이 사회의 정의는 증발해버렸다. 그 후손들은 조상의
부와 권력에 힘입어 고등교육을 받고 다시 우리 사회의 상류층을
형성해 지금도 떵떵거리며 살고 있는 것이 엄연한 현실이다.

친일파 본인도 그렇고 그 후손들마저 반성이나 참회를 했다는
이야기를 거의 들은 바 없다. 가장 상징적인 예가 악질 친일파 이
명세의 손녀인 이인호 KBS 이사장이다.

1959년 이승만 정권 말기부터 1972년 10월유신이 발표되기까지,

말하자면 필자의 어린 시절 대한민국은 평온했다. 좌우 대립, 친일파 논란, 보수와 진보의 갈등 같은 문제가 전혀 없었다. 그저 베트남 파병이나 한일협정 찬반 논란이나 북한의 게릴라 침투, 3선개헌 반대 시위 정도만 시끄러웠다. 세월이 지난 후 그 시대가 왜 조용했을까를 생각해봤다.

복잡하지 않았다.

한국전쟁을 거치면서 이승만 정부가 극우 반공세력을 제외한 좌파와 중도파를 깡그리 '청소'해버렸기 때문이다. 독립운동가들도 좌파 '청소'에 휘말려 친일경찰에 의해 침묵의 바다로 가라앉았다. 지금 생각하면 무서운 획일주의 사회라고 할 수 있다. 그러다 박정희가 종신집권을 기도하면서 새로운 세대(민주화 세대)가 탄생해 1987년 6월 항쟁에 이은 민주 체제가 들어선 것이다.

2차대전 말 드골 장군이 프랑스를 해방했을 때 가장 먼저 레지스탕스를 탄압한 민병대를 체포하려고 했을 때의 상황과 비슷하다. 드골은 친나치 민병대를 체포하려 했지만 그럴 수 없었다. 1만 명에 달하는 친나치 민병대가 이미 지구상에서 사라져버렸기 때문이었다. 레지스탕스와 지역 주민들이 연합군의 해방에 맞춰 이들 민병대를 자신들의 손으로 이미 몰살해버린 것이었다. 프랑스와 대한민국은 묘하게 정반대 방향으로 역사를 청산한 셈이다.

우리 현대사를 차분하게 들여다보면 오늘 우리 사회가 안고 있는 현안의 역사적 근원을 찾을 수 있다. 빈부격차, 아직도 불안정한 민주적 제도, 남북한의 격한 대립, 일본의 군사적 재무장 움직임, 통합진보당 탄압 등……. 그 중심에는 아직도 강력하게 세력을 형성하고 있는 친일파와 그 잔당이 똬리를 틀고 있다.

우리 역사를 공부할 때마다 정말 우리가 꼭 지켜야 할 원칙 한 가지를 발견하게 된다. 그것은 한반도에서 우리 민족 간에 큰 문제가 발생하면 절대 외세를 끌어들이면 안 된다는 것이다.

임진왜란 때 조정은 명나라에 파병을 요청해서는 안 될 일이었다. 조선에 침입한 20만 왜군은 우리 힘으로 능히 물리칠 수 있었다. 명나라의 파병은 조선이 망할 때까지 두고두고 발목을 잡았다.

갑오농민전쟁 때도 조정은 청나라 군대의 파병을 요청해서는 안 되었다. 톈진조약에 의해 자동적으로 일본군이 들어오면서 비극은 시작되었다.

한국전쟁 때도 김일성과 박헌영은 소련과 중국에 전쟁 개시를 위한 지원을 요청해서는 안 되었다. 외세를 끌어들여 벌인 전쟁은 또 다른 외세를 불러들였다. 그 결과 한반도는 지옥의 전쟁터로 돌변했다. 지금도 마찬가지다. 명색이 독립국가라면서 군대의 전시작전통제권을 남의 나라에 맡기고 있으니 말이다.

이 책을 쓰는 데에 양기엽 CBS 해설위원의 꼼꼼한 감수와 객관적인 논평이 큰 힘이 되었다. 한가람역사문화연구소포럼 홍철의 회장도 시종일관 격려와 성원을 아끼지 않았다. 이분들께 고개 숙여 고마움을 전한다.

2015년 2월

임기상

차례

II. 독립과 이데올로기 투쟁 사이

_ 해방에서 한국전쟁까지

III.　통일의 꿈은 사라지고

_ 분단에서 베트남 참전까지

I.

근대로 가는
힘겨운 길목에 서다
구한말에서 일제 강점기까지

2011
의궤 오디세이

_ 병인양요 때 약탈당한 외규장각 의궤의 우여곡절 귀환기

1866년 10월 16일, 로즈 제독이 이끄는 프랑스 군함 7척이 강화도 앞바다에 나타났다. 프랑스군은 프랑스 신부 9명을 극형에 처했다는 이유로 보복하러 왔다는 명분을 내세웠으나 내심 보물을 약탈하기 위해 침입한 것이다. 선제 포격을 한 후 극동함대의 병력이 강화도에 상륙했다. 이들은 큰 저항 없이 관아와 행궁을 점령했으나 곧 자신들이 포위되었다는 것을 깨달았다.

프랑스군이 강화도를 점령했다는 보고를 받은 조선 조정은 먼저 이경하를 순무사로 삼아 강화도가 내려다보이는 문수산성에 병력을 집결시켰다. 조선군 동태를 파악하러 온 프랑스군 정찰대는 공격을 받아 전사자 3명, 부상자 2명을 내고 퇴각했다.

조선군은 이어 강화도 정족산성으로 잠입해 전등사에 진을 쳤

다. 양헌수가 이끄는 강계 출신의 포수 500명이 프랑스군을 기다렸다. 프랑스군은 다시 108명의 보병 정찰대를 보냈으나 매복에 걸려 맹렬한 사격을 받아 29명의 부상자를 내고 캠프로 돌아갔다. 로즈 제독은 상황이 불리하다고 판단하고 다음 날인 11월 11일 강화도를 떠나기로 결정했다. 이때부터 '문화강국의 국민'이라는 프랑스인들이 떼강도로 돌변하게 된다.

중국에 돌아온 뒤 로즈 제독은 해군성 장관에게 다음과 같은 보고서를 보낸다.

> "즉시 모든 국가 소유물을 파괴하기 시작했고, 200여 척의 정크선박을 침몰시켰습니다. 임금의 저택과 관아가 남아 있었는데, 이 관아의 일부는 우리 군인들이 거처로 사용하고 있어 제일 마지막에 파괴했습니다. 본인은 계획대로 10일과 11일 강화읍 관아의 파괴를 마치고 모두 선박에 올라 일상의 업무로 돌아왔습니다."

병인양요

1866년(고종 3년)에 흥선대원군의 천주교 탄압을 구실로 삼아 '외교적 보호'를 명분으로 프랑스가 일으킨 제국주의적인 전쟁. 로즈 제독이 이끄는 프랑스 함대 7척이 강화도를 점령하고 프랑스 신부를 살해한 자에 대한 처벌과 통상조약 체결을 요구했다. 흥선대원군은 로즈 제독의 요구를 묵살한 뒤 훈련대장 밑에 순무영(巡撫營)을 설치해 무력으로 대항했다. 조선군이 완강히 저항하자 프랑스 해군은 40여 일 만에 물러났다. 프랑스가 병인양요를 일으킨 진짜 이유는 조선의 문호를 개방시키고 여의치 않으면 조선의 보물을 약탈하는 것이었다. 이 사건으로 말미암아 조선의 쇄국정책은 한층 강화되었다.

강화도의 관아와 행궁의 궁궐들과 외규장각이 있는 곳에서 프랑스군이 행진을 하고 있다. 역시 종군화가 주베르가 그린 그림이다.

프랑스군은 조선의 역사가 담긴 건물들을 불태우기 전에 금은보화를 찾기 위해 이 잡듯이 뒤졌다. 먼저 관아 깊숙한 곳에 보관돼 있는 은괴 19상자를 찾았다. 더 이상 보물이 나오지 않자 외규장각 서고도 뒤졌다. 다시 로즈 제독의 보고서를 보자.

"겉으로 보기에 꽤 가난해 보이는 강화읍은 각하에게 보내드릴 만한 것이 별로 없습니다. 그러나 조선 국왕이 간혹 거처한다는 저택에는 아주 중요한 것으로 여겨지는 수많은 서적들로 가득 찬 도서실이 있습니다. 우리는 공들여 340권을 수집했는데, 기회가 되는 대로 프랑스로 보내겠습니다."

거의 해적 부하들이 두목에게 보내는 서신 수준이다. 프랑스군은 은괴 상자와 외규장각 도서, 지도와 천체도 등을 배에 실은 뒤

관아 건물과 그 옆의 행궁(임금이 지방에 오면 머물던 곳), 외규장각을 모조리 파괴하고 불을 질렀다. 순조 때 기록에 따르면, 외규장각에 보관 중인 책이 약 1천여 종, 6천 책이었다니 그들이 강탈한 200종 340책을 빼고는 모두 불길에 스러진 것이다.

외규장각과 의궤란 무엇인가?

외규장각은 정조 대왕이 1782년 강화도에 설치한 왕립도서관인 규장각의 부속건물이다. 의궤는 왕실에서 열린 각종 행사나 궁궐의 신축과 보수가 있을 때마다 자초지종을 글과 그림으로 기록해 후세에 같은 일이 열리면 참고하도록 편찬한 저서이다. 조선 왕실 문화의 정수이자 유교 문화의 시각화라고 할 수 있다. 프랑스로 실려 간 의궤가 고국 땅을 다시 밟기까지는 145년이란 길고 지루한 시간이 필요했다.

조선은 프랑스군의 침입을 물리쳤지만 서양에 대한 증오심만 키워 쇄국정책이 더 단단하게 자리 잡는다. 반면 똑같은 방식으로 미국 함대로부터 개방을 강요당한 일본은 수교를 체결한 후 서양 문물을 배워 급속한 근대화의 길로 달리게 된다. 이렇게 냉각된 프랑스와의 관계는 1950년 한국전쟁 때 프랑스군의 참전을 계기로 정상화된다.

박병선 박사, 약탈당한 외규장각 반환을 위해 동분서주하다

병인양요로부터 124년 후인 1990년 봄 규장각 도서관리실.

아침에 출근한 이태진 관리실장은 책상 위에 한 장의 협조 공문이 놓여 있는 것을 발견했다. 대통령 비서실이 접수한 편지가 첨부되어 있었다. 프랑스에 있는 박병선 박사가 노태우 대통령 앞으로

강화유수부 관아 바로 뒤편에 있는 행궁 그림(위)과 행궁 바로 옆에 있었던 외규장각 그림(아래).

보낸 편지였다. 파리국립도서관에 보관 중인 외규장각 도서 중 의궤 자료들에 대한 연구 작업을 마쳤는데 국내 출판을 도와달라는 건의서였다. 이태진 실장은 이 일은 규장각 도서를 관리하는 서울대가 나서야 한다고 판단했다. 박병선 박사가 정리한 외규장각 도서 현황은 서울대의 지원으로 국내에 출판되었고, 이 책을 토대로 반환 운동이 시작되었다.

1993년 9월 15일 오후 청와대.

한국을 방문한 프랑스의 미테랑 대통령은 한 권의 책을 김영삼 대통령에게 전달했다. 이 장면은 TV를 통해 전국에 방영되었다. 녹색 비단 표지가 젖혀지자 하얀 종이에 새겨진 영롱한 채색화가

미테랑과 김영삼 대통령. 외규장각 도서 한 권을 반환하는 모습이다.

초롱초롱 나타났다. 외규장각 의궤 중 한 권인 『휘경원원소도감』이었다. 국민들은 감격했다. 역시 문화의 나라 대통령다운 선물이라는 탄식이 절로 나왔다.

당시 미테랑 대통령은 김영삼 대통령과 정상회담을 위해 방한할 때 두 권의 조선왕실의궤를 들고 왔다. 그러나 김영삼 대통령에게는 '맛보기'로 한 권의 의궤만 전달되었다. 수행한 도서관 사서 2명의 반발에 부딪쳐 한 권은 주지 못한 것이다. 당시 미테랑 대통령의 지시로 의궤 한 권을 청와대로 가져가는 과정에서 사서들은 울고 불면서 대통령 경호실 직원들과 몸싸움까지 벌이며 저지한 것으로 알려졌다. 의궤는 운반용 궤짝에 담아 열쇠를 채워두었는데 사서가 끝까지 열쇠를 내주지 않아 결국 자물쇠를 부수고 궤짝을 열었다고 한다.

환영 만찬에서 미테랑 대통령은 고충을 털어놓았다.

"이 고문서는 프랑스 해군이 전쟁 중에 가져왔는데, 이제 한국으로 되돌려주는 데도 전쟁을 해야 할 형편입니다."

불길한 전조였다.

비싼 값에 TGB(고속열차)를 팔아치운 프랑스는 거래가 끝나자 태도가 돌변했다. 사서 2명은 귀국하자마자 사표를 제출하고 국립도서관들은 의궤 반환에 대한 항의의 표시로 집단 휴관하고……. 이들의 주장은 외국의 문화재 반환 요청에 대해 조금이라도 양보하기 시작하면 판도라의 상자가 열리는 엄청난 사태가 벌어진다는 것이었다. 결국 나폴레옹 원정과 제국주의 시대를 거치면서 이탈리아, 러시아, 이집트, 중국, 알제리, 인도차이나 등에서 가져온 수많은 문화재들로 채워 놓은 루브르 박물관 등 유수한 박물관들이 텅 비게 된다는 것이 프랑스 문화계의 논리였다. 한 사서는 이렇게 기자들에게 말했다.

"울면서 의궤를 내놓았다. 그것은 단지 보여주려고 가져간 것들이다. 절대 두고 오지 않을 것이라고 문화부장관은 약속했다. 우리는 프랑스의 국익과 합법성, 직업윤리에 반한 행위를 할 수밖에 없었다."

이들이 문제 삼은 것은 한국이 반환을 요청한 297책이 아니라 한국에 돌려준 단 한 권의 책이었다. 명분은 문화재는 어디에 있든 잘 관리하면 되는 것 아니냐는 것이었다. 이를 지켜본 박병선 박사는 분노했다.

"관리는 무슨……. 내가 책들을 찾았을 때는 중국책이라는 꼬리표를 달고 100년 가까이 도서관 파손 창고에 나뒹굴고 있었다. 내가 그 중요성을 보고하자 그제서야 창고에서 꺼내 수리하고 현재의 위치로 옮긴 것이다."

　　　　　– 외교관 김경임 씨가 저술한 『클레오파트라의 바늘』에서

　외규장각 도서에 대한 연구도 145년 동안 박병선 박사가 출간한 두 권의 책 외에는 하나도 이뤄진 게 없었다.

　의궤 반환 협상은 '긴장과 불안의 외줄타기 외교'와 동의어였다. 1999년 4월 처음 열린 민간전문가 협상 이래 한 번도 쉬웠던 적이 없었다. 양국 협상단은 처음부터 자기주장만 내세우며 공세적 태도를 취했다. 2000년 7월 협상 때는 자크 살루아 프랑스 감사원 최고위원이 주먹으로 탁자를 쾅 내리치고 회의장을 박차고 나가기도 했다. 이후에도 프랑스는 의궤 대신 그에 상응하는 문화재 제공을 요구했고, 한국은 한국대로 여론에 휘둘려 협상을 진전시킬 수 없었다. 오죽했으면 프랑스의 자크 시라크 대통령도 "의궤 문제라면 지긋지긋해 신물이 난다."고까지 말했을까?

　'터널 속에 갇혀버렸던' 협상은 2009년 박흥신 주 프랑스 대사가 부임하며 전환점을 맞았다. 여전히 자국 입장만 견지하는 프랑스 관계자들에게 박 대사가 폭탄선언을 한 것이다.

"한국 국민은 맞교환 방식을 받아들이지 않는다. 의궤를 돌려주고 한국인의 영원한 사의(謝儀)를 선물로 받으라."

돌아온 외규장각 도서 중 하나인 『존숭도감의
궤』 표지.

이것이 결국 프랑스의 높은 벽을 무너뜨리는 뜻밖의 돌파구로
작용했다.

145년 만에 그리운 고국으로

우여곡절 끝에 2010년 11월 서울에서 열린 서울G20정상회담에
서 외규장각 도서 반환 원칙에 합의함으로써 다음 해인 2011년 5
월에 297책의 의궤가 돌아왔다. 양국은 '소유권은 프랑스가 갖되 5
년 간 빌려주면서 기간을 연장한다'는 어정쩡한 방식으로 마무리
했다. 우리 것이 아니니 소장인도 못 찍고 지방 전시도 할 수 없
다. 프랑스가 관리를 소홀히 한다고 기간 연장을 거부하면 속수무
책으로 뺏기게 된다. 프랑스가 약탈한 도서는 340책이다. 그중 돌
아온 것이 297책이니 나머지 43책은 어디에 있나?

길고 긴 여행 끝에 외규장각 도서 일부나마 우리 곁으로 돌아
왔다. 국립중앙박물관은 이를 기념하여 2011년에 '145년 만의 귀

환, 외규장각 의궤 특별전'을 열었다. 공개된 의궤를 본 사람들은 특히 재질의 우수성에 감탄했다. 의궤는 모두 금방 만들어진 것처럼 깨끗했고 흰 종이의 질감이 빳빳해 그 위에 찍힌 붉은 괘선이 살아 꿈틀거리는 듯 생생한 느낌이었다. 최고급 종이에 정성 들여 글씨를 쓰고 아름다운 색깔의 그림을 그린 다음 암녹색 비단으로 표지를 입혀 놋쇠 물림으로 묶은 조선 왕실 어람용 의궤는 세계 출판 사상 최고의 작품으로 평가받고 있다.

박병선 박사는 10년 넘게 도서관과 박물관을 뒤진 끝에 의궤를 만났던 순간을 이렇게 회고했다.

> "창고에 큰 궤짝들이 널려 있고 그 속에 외규장각 의궤가 있었어요. 처음 의궤를 펼치던 순간 수백 년이 지난 책에서 묵향이 은은하게 퍼져 나오는 거예요. 온몸에 전율이 느껴졌어요. 강화도에서 프랑스로 온 지 오랜 세월이 흘렀는데도 신선한 묵향이 배어 있는 것이 놀라웠습니다."

창고에 같이 굴러다니던 비슷한 연대의 중국 서적들이 대부분 종이가 누렇게 변해 있는데 외규장각 의궤의 종이는 거의 색깔의 변화가 없고 은은한 묵향까지 배어 있었다는 것이다. 그것은 종이의 재질이 워낙 뛰어났기 때문이다. 조선 왕실의 의궤는 부본이라도 저주지(닥종이로 만든 종이)를 쓰고, 왕이 보는 어람용 의궤는 그보다 상급인 초주지를 썼으며, 먹과 채색용 연료도 최상급의 천연 재료를 사용했다.

프랑스군의 조선 침입 후유증은 이렇게 100년 이상의 시간이 걸

『영조정순왕후가례도감
의궤』 반차도 중에서 왕
의 가마.

려 어설프게 봉합되었다. 그러나 의궤 약탈은 서막에 불과했다. 이
후 청일전쟁과 러일전쟁이 벌어지고 조선이 일본의 식민지로 전락
하면서 수많은 문화재들이 이 땅을 떠나 강대국의 수중으로 넘어
간다.

2.
조선,
푸른 눈으로 바라보다

_ 비숍·다블뤼·스코필드, 조선을 사랑한 이방인들

구한말, 쇄국과 개방이 정면충돌하던 격동의 조선 땅에는 영국, 프랑스, 미국 등 전 세계에서 푸른 눈의 이방인들도 몰려들었다. 이들의 눈에 비친 조선과 조선인들의 인상은 어땠을까? 영국의 지리학자이자 여행가 이사벨라 비숍을 비롯하여 조선에서 선교 활동을 벌인 프랑스인 신부 다블뤼, 그리고 3.1운동 때 '34번째 민족대표'라 불린 스코필드 박사의 극진한 조선 사랑을 살펴보자.

"왕비 전하는 마흔 살을 넘긴 듯했고 매우 우아한 자태에 늘씬한 여성이었다. 머리카락은 반짝반짝 윤이 나는 칠흑 같은 흑발이었고 피부는 너무나 투명하여 꼭 진주빛 가루를 뿌린 듯했다. 눈빛은 차갑고 날카로우며 예지가 빛나는

가마를 타고 한양에 들어선 비숍 일행이 처음 마주친 마포의 강둑. 경성의 첫인상에 대해 그녀는 "지저분하고 가난했다."고 묘사했다.

표정이었다. 대화가 시작되면 그녀의 얼굴은 눈부신 지성미로 빛났다. 왕비는 정중할 뿐 아니라 기지가 넘치는 모습으로 개인적으로 많은 것들을 내게 말씀하시더니 잠깐 왕에게 무언가를 말하더니 곧 대화를 시작해서 약 30분 간 더 계속했다. 그 다음 3주 동안 세 번을 더 접견할 수 있었다. 그때마다 나는 왕비의 우아하고 고상한 태도에 깊은 감명을 받았다. 그녀의 사려 깊은 친절, 특출한 지적 능력, 통역이 있는데도 느끼는 놀랄 만한 말솜씨 등 모두가 그러했다. 나는 그녀의 기묘한 정치적 영향력, 왕뿐만 아니라 그 외 많은

사람들을 수하에 넣고 지휘하는 통치력을 충분히 이해하게
되었다."

"왕은 놀라운 기억력을 갖고 있었고, 조선의 역사에 대해 상
당한 지식을 알고 있었다. 그는 어떤 종류의 질문을 해도
명확하고 정확하게 설명할 수 있는 기억력을 갖고 있었다.
그는 통치자로서 지극히 근면한 사람이며, 각 부처의 모든
일을 잘 파악하고 있었고, 무수한 신하들의 보고도 지치지
않고 정성을 갖고 수렴했다."

이사벨라 버드 비숍(1831~1904)이 1895년 1월 고종 내외를 접견하
고 쓴 『조선과 그 이웃 나라들』의 한 대목이다.
　그녀는 고종 부부를 알현하여 환대를 받았다. 그녀는 고종이 착
한 사람이라는 인상을 받았다. 그러나 그녀에게 고종은 '심약한 군
주' 또는 '어떤 일을 단단히 그러쥐고 밀어붙일 만한 능력은 없는
인물'로 비쳤다. "성격의 박약함은 그에게 치명적이었다."고 그녀는
평가했다.

"조선인들에게 정직한 정부가 있다면 '시민'으로 발전할 수 있다"
　비숍은 지금으로부터 121년 전인 1894년 1월부터 1897년 3월
사이에 네 차례에 걸쳐 조선을 여행했다. 이 시기 조선은 갑오농민
전쟁을 비롯해, 청일전쟁-갑오개혁-을미사변으로 이어지는 격변의
시대였다. 비숍은 여행을 다니면서 관리와 양반의 수탈에 분노하
고 평민들이 겪는 고통을 안타까워했다. 또한 지배계급의 착취와

조랑말을 타고 조선 여행을 떠난 비숍(오른쪽 끝) 일행. 남장을 하고 있다.

부정, 가혹한 세금, 심약한 군주, 불안정한 국제 정세를 자세히 묘
사했다.

　비숍은 "조선의 첫인상은 재미없는 나라였으나 갈수록 흥미를
갖게 됐고, 가능성이 큰 나라였다."고 회고했다. 또 "간난에 견딜
줄 아는 강인하고 공손한 민족"이라고 묘사하면서도 "평민들은 면
허받은 흡혈귀인 양반에게 피를 공급하고 있다."라고 안타까움을
담아 서술했다. 조선인들의 삶이 비극적 상황에 놓여 있는 이유를
비숍은 이렇게 분석했다.

　　"조선은 특권계급의 착취, 관공서의 가혹한 세금, 총체적인
　　정의의 부재, 모든 벌이의 불안정, 대부분의 아시아 정부가
　　기반하고 있는 비개혁적인 정책 수행, 널리 퍼져 있는 미신
　　등의 사태에 처해 있다. 조선 사회는 '약탈자와 피약탈자'라

는 단 두 계급으로 구성되어 있다. 한편에는 '면허받은 흡혈 귀인 양반계급으로부터 끊임없이 보충되는 관료계급'이 있었 다. 다른 한편에는 '나머지 80%인 문자 그대로의 하층민인 평민계급'이 있었다. 조선사회에서 이 평민계급의 존재 이유 는 '피를 빨아먹는 흡혈귀에게 피를 공급하는 것'에 있었다."

그러나 비숍은 러시아 연해주에 있는 조선인 정착촌에서 부농 마을을 일구어낸 영특한 조선인들을 만나 감격했다. 1897년 비숍 이 시베리아 극동쪽 프리모리스크의 한인촌을 방문했을 때의 회고 를 들어보자.

"조선에서는 흔히 볼 수 있는 연약하고 의심 많으며 위축된 농민들의 특성이 이곳에서는 솔직함과 독립심을 가진 모습 으로 변화되어 있었다. 조선에서는 관리들이나 꿈꿀 수 있 는 아늑함과 평안함이 넘쳐흘렀다."

"이들은 일정한 자치를 누리고 있었다. 지역의 경찰과 공무 원을 포함한 모든 고위 관리들은 조선인들이었다. 고국에서 의 전통질서의 질곡으로부터 자유로웠던 이들의 삶은 '안정 된 생활과 좋은 자치 운영'을 누리고 있었다."

그녀는 "조선에 남아 있는 민중들이 정직한 정부 밑에서 생계를 보호받을 수 있다면 진정한 의미의 시민으로 발전할 수 있을 것"이 라고 내다봤다. 결국 비숍은 "조선인은 절대 게으르지 않았다. 다

비숍 여사가 한양에서 가장 아름다운 곳으로 꼽은 경회루. 그녀는 경복궁을 둘러본 후 조선 문화가 간단치 않다는 것을 깨닫게 된다.

만 조선에 살아서 게을렀던 것이다."라고 분석했다.

비숍은 그 차이를 조선인들이 처해 있는 구태의연한 정치질서의 질곡과 그로부터의 자유로움에서 찾았다. 비숍은 이렇게 결론을 내린다.

"근사한 기후, 풍부하지만 혹독하지 않은 강우량, 기름진 농 토, 내란과 도적질이 일어나기 힘든 근사한 교육, 조선인은 길이 행복하고 번영할 민족임이 틀림없다."

첫인상과 마지막 인상이 얼마나 극적인 대비를 이루는지는 비숍 의 '조선에 부치는 마지막 말'을 통해 알 수 있다. 제국주의 선진국 민의 거만한 시선으로 바라보던 '가난한 나라 조선'에 대한 그녀의 첫인상은 '한없이 따뜻한 애정'이라는 마지막 인상으로 바뀌었다.

> "조선은 가난한 국가가 아니다. 자원은 고갈되지 않은 채로 미개발되어 있다. 성공적인 농업을 위한 능력도 거의 이용되지 않고 있다. 러시아와 일본이 한국의 운명을 놓고 대결하는 상태에서 떠나게 된 것이 유감스럽다. 내가 처음에 한국에 대해서 느꼈던 혐오감은 이젠 거의 애정이랄 수 있는 관심으로 바뀌었다. 이전의 어떤 여행에서도 나는 한국에서보다 더 섭섭하게 헤어진 사랑스럽고 친절한 친구들을 사귀어보지 못했다. 나는 가장 사랑스러운 한국의 겨울 아침을 감싸는 푸른 벨벳과 같은 부드러운 공기 속에서 눈 덮인 서울의 마지막 모습을 보았다."

"조선인들은 서로 돕고 아이들을 사랑합니다"

19세기 초중반 천주교 전도가 금지된 조선에 몰래 들어온 프랑스 선교사들은 길게는 20년 넘게 조선에 살았다. 그중 다블뤼 주교는 1846년 조선 최초의 사제인 김대건 신부와 함께 충남 강경의 황산포에 상륙해 순교할 때까지 21년 간 목회 활동을 벌였다. 그는 틈틈이 프랑스 파리로 편지를 보냈다. 이 편지는 충청도를 출발해 백령도에서 배에 실렸고 중국 상하이와 홍콩, 인도 뭄바이, 이집트 수에즈를 거쳐 마침내 파리에 도착한다.

홍콩의 선교사무소에서 국제우편물을 분류하던 프랑스 출신 리부아 신부는 조선에서 프랑스로 가던 편지 한 통을 읽어보고 웃음을 터트렸다.

19세기에 조선에서 선교 활동을 벌였던 프랑스 신부들.

"식탐은 조선인들의 악덕 중 하나입니다. 도무지 식탐을 억
누를 생각을 하지 않습니다. 고기를 먹지 못하면 아픈 체할
정도입니다."

다블뤼 주교가 보낸 서한을 보면, 처음에 조선은 '더럽고 미개하
고 풍속이 부패한 나라'로 비쳤다. 그의 눈에 조선 임금은 게을러
보였고, 양반 지배계급은 백성들에게 가혹했다. 그러나 시간이 지
나면서 다블뤼 신부 역시 조선과 조선인, 그리고 조선 문화를 사
랑하고 존경하게 된다.

"이웃에 결혼식이나 장례식이 있으면 자기 일처럼 돕고 화재
를 당한 집이 있으면 집을 다시 지을 수 있도록 공짜로 일
을 해주는 형제애를 발휘합니다."

조선에서 21년 간 복음을 전하다 순
교한 다블뤼 주교.

"조선 사람들은 자기 아이들을 너무나도 사랑합니다. 가난
하다고 자녀들을 내버리는 유럽 사람들은 창피해할 줄 알아
야 합니다."

"자선 행위를 소중하게 여깁니다. 적어도 식사 때 먹을 것을
달라면 거절하지 않습니다."

"판소리라는 조선식 연극은 화려하지는 않지만 유럽의 연극
보다 자연스럽습니다."

다블뤼 주교는 목회를 시작한 지 2년 만에 1,700명에게 세례를
주었다. 이 와중에 건강이 점차 악화되었지만 라틴어를 가르치고
조선어-프랑스어 사전과 조선 천주교의 역사를 집필했다.

그러다 쇄국정책을 펴던 대원군의 천주교 박해에 휘말려 1866년 3월 11일 그를 돕던 신자 황석두와 함께 체포되었다. 한양으로 압송된 그는 위앵 신부와 오메트르 신부, 장주기, 황석두와 함께 한양에서 100킬로미터 떨어진 갈매못에서 참수되었다. 이들이 흘린 피가 오늘날 한국 천주교의 초석이 되었다.

'34번째 민족대표'의 한없는 조선 사랑

스코필드 박사는 일제 강점기 때 조선에서 의료, 선교, 독립운동 지원 등의 활동을 벌인 영국 출신의 캐나다인이다. 그는 1916년 안락한 캐나다 교수 자리를 버리고 아내와 함께 조선에 와서 세브란스 의전에서 세균학과 위생학을 강의했다. 스코필드 박사는 일제의 지배 하에서 고통받는 조선인의 아픔을 뼈저리게 느끼고 모든 힘을 다해 독립운동을 도왔다. 그는 조선인보다 더 조선과 이 나라의 백성을 사랑했던 인물이다.

그는 1919년 2월 5일 3.1운동을 앞두고 33인 대표 중 1명인 이갑성을 만나 거사 계획을 듣고 해외정세 분석을 맡았다. 3.1운동이 시작되자 탑골공원에 가서 만세 시위와 일본 군경의 탄압을 사진으로 찍어 전 세계에 알린다. 특히 경기도 화성군 제암리와 수촌마을에서 일제가 만세운동을 하던 양민을 학살할 때도 달려가 사진을 찍어 전 세계에 만행을 전했다. 당시 일본 군경은 교회당은 물론 집집마다 주민들을 가둬놓고 불을 지르고 무차별 총질을 해댔다. 스코필드 박사는 자전거로 오고 가며 부상자들을 치료했다.

5월에는 유관순, 노순경, 어윤희 등 3.1운동 때문에 수감된 서대문형무소 여자 감방을 찾아가 고문 중단을 요구하고 영자신문에

스코필드 박사는 1919년 4월 수원군 제암리로 달려가 일본군이 주민을 학살한 현장을, 본인 표현에 따르면 "일본의 만행에 대한 분노로" 떨리는 손으로 촬영해 세상에 알린다.

인권유린 실태를 게재한다. 이런 활동 때문에 지인들은 그를 '34번째 민족대표'라고 불렀다. 결국 일본의 압력으로 캐나다로 돌아간 스코필드 박사는 『끌 수 없는 불꽃』이란 책자를 발간해 한민족의 의거를 전 세계에 알렸다.

해방 후 한국 정부의 초청을 받아 다시 돌아올 때 영구 귀국한 그는 건국훈장 독립장을 받고 1970년 4월 12일 작고 후 외국인으로는 유일하게 국립서울현충원에 안장되었다. 그의 비석에는 유언인 "내가 죽거든 한국 땅에 묻어주세요. 내가 도와주던 소년, 소녀들과 불쌍한 사람들을 맡아주세요."라는 문구가 새겨져 있다.

화성군 수촌마을에는 1976년 4월 19일 스코필드 박사의 뜻을 기려 3.1운동 기념비가 세워졌다. 비문에는 '호랑이는 죽어 가죽을 남기고, 인생은 죽어 이름을 남긴다더니 여기 마을 사람들은 호랑이와 의좋게 오래 살며, 길이길이 낙원을 이루리라'는 글이 새겨졌다. 호랑이는 스코필드 박사의 한국명 '석호필(石虎弼)'의 호랑이 호

스코필드 박사는 조선의 독립운동에 기여한 공로로 국립서울현충원에 안장되었다.

(虎)와 그의 강직한 성품을 빗대어 지은 별명이다.

비숍 여사, 다블뤼 주교, 스코필드 박사.

모두 척박했던 한국 근현대사를 우리 민족과 더불어 울고 웃으며 통과하면서 우리 민족을 너무나 사랑했던, 잊을 수 없는 푸른 눈의 이방인들이다.

3.

어느 당찬
조선 여인의 초상

_ 고종의 마지막 여인 엄비, 조선을 지키기 위해 고군분투하다

1895년 10월 일본인 자객들에 의해 왕비 민씨(훗날 명성 황후 추존)가 비극적으로 살해되고 궁궐이 일본군에 의해 포위되자 고종은 엄 상궁을 불러들였다. 당시 일본군이 궁궐을 장악하고 일본이 세운 친일 내각이 일거수일투족을 감시하고 있어 고종은 사실상 연금 상태에 놓여 있었다. 수라마저 믿을 수 없어 궁궐 바깥에 사는 왕족들이 보내는 자물쇠를 채운 음식으로 연명하고 있었다. 밤에는 암살이 두려워 매일 두세 명의 외국인 선교사를 불러 자기 옆에서 같이 있도록 했다.

고종의 은밀한 지시를 받은 엄 상궁은 러시아 공사관과 친러파, 친미파와 긴밀하게 연락하면서 거사를 도모했다. 그녀는 며칠 전부터 가까운 사이인 김 상궁과 분담해 가마 2채를 타고 궁궐을

순헌 황귀비 엄씨. 못생기고 뚱뚱했지
만 두뇌가 뛰어나고 지략을 갖춰 고종
황제가 크게 신임했다.

출퇴근했다. 이런 상황이 계속되자 수문병들은 어느 순간부터 감
시를 소홀히 하기 시작했다.

한편 엄 상궁으로부터 고종이 러시아 공사관으로 파천한다는
전갈을 들은 스페예르(Speyer) 공사는 인천항에 있는 함정에 승선
해 있는 장교 5명과 해군 107명을 공사관으로 불러들였다.

고종과 세자, 상궁의 가마를 타고 러시아 공사관으로 피신하다

드디어 1896년 2월 11일 새벽, 왕과 세자는 호위병도 없이 여자
용 가마를 타고 곧장 러시아 공사관으로 향했다. 고종은 엄 상궁
의 가마를, 세자는 김 상궁의 가마를 타고 경복궁을 탈출해 러시

러시아 공사관에 피신 중인 고종. 가운데 창가에 있는 세 사람 중 가운데가 고종이고, 왼쪽 창가에 서 있는 소년이 왕세자(훗날 순종)다.

아 공사관으로 내달렸다. 이른바 '아관파천'이다. 검문은 없었다. 지난해 연말부터 엄 상궁과 김 상궁이 수시로 대궐을 출입해 수문 병들에게 익숙했기 때문이었다.

대궐 안에 있던 일본군과 친일 내각이 이 사실을 안 것은 몇 시간이 지난 뒤였다. 고종은 자신이 신임하는 관리들을 불러 새로운 내각을 꾸렸다. 이렇게 해서 친일 개화파 정권이 무너지고 일제의 독주는 끝이 났다. 그 빈자리는 반일 성향의 정치인들과 러시아가 채웠다. 일본 입장에서는 고종과 엄 상궁의 '계략'에 꼼짝없이 당한 셈이다. 왕비마저 없는 고종 옆에는 이번 일을 성사시킨 엄 상궁이 죽는 날까지 자리를 지켰다.

왕이 다른 나라 공사관으로 피신한 것은 부끄러운 일이지만, 역사학자 한영우는 "일본군과 친일 내각에 포위되어 목숨마저 부지하기 어려운 경복궁에서의 탈출은 불가피한 선택"이라고 평가했다. 고종이 주도한 아관파천은 청나라를 격파한 일본에 대항하기 위해 러시아를 끌어들인 고도의 책략이었다. 태국이 영국과 프랑스가 팽팽히 맞서던 시기에 외교로 독립을 지킨 전략을 구사한 것과 마찬가지라는 것이다.

반면, 고종 옆에서 일종의 경호원 역할을 했던 선교사 헐버트는 이렇게 평가했다.

"그 같은 행동은 왕의 위엄을 손상하는 한심스러운 일이었으나, 그 당시의 형편으로는 변명의 여지는 충분히 있다. 전체적으로 볼 때 크게 국가의 일로 보면, 실수로 간주하지 않을 수 없다. 왜냐하면 그러한 처사는 왕이 일시적으로 강요된 상황에 따라 은거함으로써 얻어질 수 있는 이익보다 더 해로운 새 요인을 야기하기 때문이었다. 그러한 조치로 인해 일본은 러시아에 대해 앙심을 품게 되었으며, 러시아가 조선에 대해 음모를 꾸밀 수 있는 길을 열어주었다. 러시아의 음모가 실제로 러일전쟁의 원인이 되었다고 볼 수는 없더라도 그것을 촉진시킨 것은 사실이다."

엄 상궁, 황태자를 출산하고 황귀비로 책봉되다

1년 후 덕수궁으로 돌아온 고종은 대한제국을 선포하고 황제 자리에 오른다. 서거한 왕비 민씨(민비라는 호칭은 조선에서 사용된 적이 단 한 번도 없다)는 명성 황후로 추존된다. 이 해에 엄 상궁은 44살의 나이에 황태자를 낳아 황귀비로 책봉된다. 이때부터 사실상의

고종황제의 마지막 가족사진. 왼쪽부터 영친왕, 순종, 고종, 순종비, 덕혜옹주. 1918년 1월 22일 매일신보에 실린 사진이다.

황후이자 국모의 자리로 올라선다. 이 아기가 후에 순종이 등극한 후 마지막 황태자로 책봉된 영친왕이다. 그러나 영친왕은 황태자가 되자마자 이토 히로부미의 손에 이끌려 11살의 나이에 도쿄로 끌려간다. 사실상 볼모 신세였다. 자식이 끌려가자 늦은 나이에 아들을 본 엄 귀비와 고종은 큰 충격을 받았다. 일제는 해마다 방학이 되면 영친왕을 조선에 보내주겠다고 약속했으나 지켜지지 않았다.

1910년 대한제국이 멸망한 이후 고종은 나라를 잃은 상실감과 막내아들을 인질로 빼앗긴 아픔으로 제대로 잠도 자지 못하고 괴로워했다. 그런 고종을 위로해준 사람이 황귀비 엄씨였다. 덕수궁의 고종과 엄씨는 일본에 끌려간 막내아들 영친왕을 만날 날을 손꼽으며 하루하루를 보냈다.

그러나 영친왕이 몇 년이 지나도 돌아오지 않자 엄 귀비가 데라우치 총독에게 항의하는 사건이 발생했다. 당시 상황을 김병길 상궁은 이렇게 전했다.

영친왕 이은(오른쪽)과 이토 히로부미.

"어느 날 데라우치가 고종을 만나러 덕수궁에 들어왔을 때 엄비는 '분명히 세자가 일본에 갈 때는 1년에 한 번씩 보내주겠다고 약속했는데 왜 안 오나요? 총독께서는 이 사실을 알면서도 왜 실행하지 않나요? 아니면 아예 잊어버리셨나요?'라고 정면으로 쏘아붙였다. 당황한 데라우치는 '그것은 오해입니다. 공부 때문이니 잠깐만 참으십시오.'라고 변명을 했다. 엄비는 수그러지지 않고 '학교에는 방학이 없나요? 북해도로 여행시킬 시간이 있으면 마땅히 부모를 만나도록 해야지 않을까요? 인정상으로 보나 약속을 지키기 위해서나……'라고 일갈했다고 한다. 이때 고종의 만류로 진정이 되기는 했지만 데라우치 총독은 그 후 엄비라면 손을 내저었다고 한다."

엄 귀비의 장례식 풍경. 그녀가 조선을 너무나 사랑했었음을 알고 있는 백성들로 인
산인해를 이뤘다.

　자식을 뺏긴 슬픔 속에서도 엄 귀비는 교육 문제에 관심을 가졌
다. 그녀는 "이제 조선은 여성들의 문맹 탈출과 교육에 신경 써야
한다."는 선교사들의 충고를 진지하게 받아들였다. 이에 따라 국운
을 회복하려면 교육을 통한 인재 양성이 급선무라고 판단했다.
　엄 귀비는 사재를 털어서 1905년에는 양정의숙(오늘날 양정고),

영휘원 안에 있는 엄 귀비의 무덤. 그녀는 세상을 떠났지만 그녀가 세운 학교의 학생들은 대한민국의 현재와 미래를 이끌 것이다(사진 권태균 제공).

1906년에는 진명여학교(오늘날 진명여고)와 명신여학교(오늘날 숙명여대) 설립을 후원했다. 또한 영친왕의 보모인 최송설당(崔松雪堂)의 건의를 받아들여 김천고등학교를 세우는 데에 막대한 지원을 아끼지 않았다.

아들을 그리워하던 엄 귀비는 끝내 얼굴을 못 보고 1911년 7월 20일 58세의 나이로 세상을 떠났다. 어머니의 사망 소식을 들은 영친왕은 급거 귀국하지만 일제는 장티푸스로 사망했다는 이유로 접근을 막아 끝내 마지막 얼굴도 볼 수 없었다. 홍릉 경역으로 장지를 정하고 8월 2일 엄 귀비의 상여가 대궐을 출발하자 고종 황제와 영친왕은 영성문 밖에서 곡을 했다. 그날 오시에 하관을 한 엄 귀비는 영휘원에 잠들고, 장례를 마치고 사흘 후 영친왕은 일본의 재촉으로 다시 도쿄로 떠난다. 영친왕은 거기서 일제의 강요에 의해 일본 귀족의 딸과 정략결혼을 하게 된다.

나라가 무너져가는 시점에 엄 귀비는 누구도 하지 못한 일을 해냈다. 임금을 유폐처에서 구출해내고 미래의 인재를 키우는 일에 정성을 다했다. 오늘날로 치면 뛰어난 CEO적 자질을 갖춘 여성이었다. 그러나 기울어가는 나라의 운명을 막기에는 역부족이었다.

4.

"백성과 나라가 존망의 위기,
어찌 감히 일신을 돌보랴"

_ 구한말 대신 출신 김가진, 70대의 노구를 이끌고 망명하다

1919년 10월 10일 김가진(1846~1922)과 셋째 아들 김의한은 일산 역에서 경의선 열차에 올랐다. 일제가 장악한 조선 땅을 떠나 중 국에서 독립운동을 하기 위해서였다.

김가진은 누구인가? 구한말에 공조판서, 농상공부 대신, 중추원 의장, 충청남도 관찰사, 규장각 제학을 지낸 안동김씨 가문의 대표 적인 고관이었다. 그는 조선이 망하자 실의에 빠져 두문불출하다 3.1운동이 일어나자 비밀결사단체인 조선민족대동단을 결성해 본격 적으로 항일운동에 나섰다.

그러다 국내에서 활동의 한계를 느낀 그는 셋째 아들 의한과 함 께 중국 상하이로 망명해 임시정부에 합류하기로 했다. 이때 그의 나이 74세였다. 이어 국내 조직과 연계해 고종 황제의 다섯째 아들

말년의 동농 김가진.

인 의친왕 이강을 상하이로 망명시키려다 아쉽게 실패한다.

1919년에 4월에 상하이에 설립된 대한민국 임시정부에 대해 일제는 "사회 하층민들이 만든 하찮은 모임"이라고 선전하며 애써 무시했다. 그러나 대신 출신인 동농 김가진의 상하이 망명과 황족의 망명 미수 사건은 일제와 조선 민족에게 큰 충격을 안겨주었다. 저마다 애국자라고 떠들던 조선의 고관대작 가운데 외국으로 망명해 독립운동을 벌인 이는 김가진, 단 한 사람뿐이다.

상하이에 도착한 직후 김가진은 내외신 기자회견을 갖고 망명동기와 임시정부에 대한 전폭적인 지지 의사를 밝혔다. 그의 망명소식은 당시 임시정부가 발행하는 「독립신문」은 물론, 국내와 일본, 중국의 여러 신문에 크게 보도되었다. 일제가 엄청난 충격을받은 반면, 임시정부와 해외 항일 세력은 크게 고무되었다.

당시 임시정부의 주요 인물이 대부분 60세 미만이어서 74세의 김가진은 임시정부의 고문으로 추대되었다. 만주에 있던 김좌진 장군의 북로군정서도 김가진을 고문으로 추대했다. 1919년 11월 4일 「독립신문」에 김가진의 시가 실렸다.

나라는 깨지고 임금은 돌아가시고 사직은 기울었는데
부끄러움 안고 죽고 싶은 심정 참으며 여태껏 살았노라.
늙은 몸이 하늘 뚫는 뜻을 아직 지니고 있으니
단숨에 솟아올라 만 리를 날아간다.
백성과 나라가 존망의 위기, 어찌 감히 일신을 돌보리.
하늘과 땅에 포위망이 깔린 곳에서 귀신 같이 탈출했다.
누가 알까 삼등칸의 저 길손이
찢어진 갓과 누더기옷을 입은 옛 대신임을.

중국어와 일본어에 능통했던 김가진은 임시정부의 외교관 역할을 수행했다. 19세기 말에 조선을 방문했던 영국의 여행가이자 화가인 새비지 랜도어는 『고요한 아침의 나라 조선』(1946)이라는 책에서 "김가진과 영어로 어느 정도 의사소통이 됐다."고 기록했다.

일흔이 넘은 노구를 이끌고 독립운동에 매진하던 김가진은 1922년 7월 4일 이국에서 순국했다. 향년 77세였다. 해방 후 며느리 정정화는 후손들에게 "사실상 굶어죽은 것이나 마찬가지였다."고 회고했다. 2년 9개월의 망명 생활이 그만큼 어려웠다는 얘기다.

해방 후 귀국 1주년에 찍은 셋째 아들 김의한의 가족사진. 앞줄 오른쪽이 아버지 김가진과 함께 망명한 김의한, 그 왼쪽이 아내 정정화이다. 뒤에 서 있는 외아들 김자동은 보성중학교 5학년에 재학 중이었다.

맑은 삶을 이어간 후손들

동농 김가진은 그렇게 떠났지만 후손들은 유지를 받들어 올곧은 삶을 살았다. 아버지와 망명길 동무이기도 했던 셋째 아들 의한은 해방이 될 때까지 상하이 임시정부에서 중책을 맡았다. 뒤늦게 시아버지, 남편 의한과 합류한 아내 정정화도 군자금 마련을 위해 목숨을 걸고 여섯 번이나 국내에 잠입하는 등 '상하이 임정의 안살림꾼' 역할을 충실히 해냈다. 넷째 아들 용한은 종로경찰서에 폭탄을 던진 의열단 김상옥 의사 사건에 연루돼 모진 고문을 받고 후유증으로 숨졌다. 그 아들 석동은 큰아버지 의한이 있는 중국으로 건너가 최연소 광복군으로 활동했다.

김가진은 후손으로 3명의 독립운동가를 남겼지만 정작 본인은 독립유공자 심사에서 탈락했다. 일제가 76명의 고관대작들에게 준 남작 작위를 거절하지 못했다는 것이 이유다. 시자후이 만국공묘

김가진 가계도

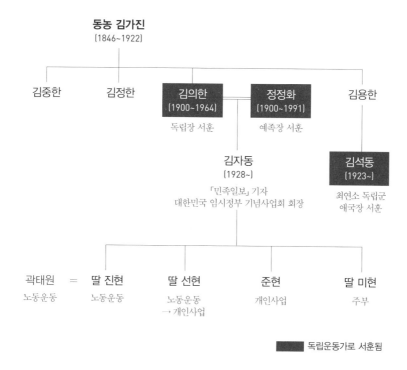

동농 김가진
[1846~1922]

김중한   김정한

김의한
[1900~1964]
독립장 서훈

정정화
[1900~1991]
애족장 서훈

김용한

김자동
[1928~]
「민족일보」 기자
대한민국 임시정부 기념사업회 회장

김석동
[1923~]
최연소 독립군
애국장 서훈

곽태원 = 딸 진현   딸 선현   준현   딸 미현
노동운동   노동운동   노동운동   개인사업   주부
                    → 개인사업

▇▇▇ 독립운동가로 서훈됨

동농 김가진 가계도. 후손들 모두 조국 해방과 민주화에 몸을 바친다.

에 안장했던 그의 유해는 1960년대 중국 문화혁명기에 파괴되어
찾을 길이 없다. '친일의 아이콘' 윤치호 일가와 달리 김가진 일가
는 3대에 걸쳐 민족사랑을 구현했다는 점에서 우리 민족의 역사상
독보적인 위상을 갖고 있다.

역사학자 한홍구 교수는 "동농 김가진 선생의 가문은 이회영-이
시영 가문과 더불어 지난 100년의 우리 역사에서 노블레스 오블리
제를 실천한 보기 드문 사례"라고 높이 평가했다.

5.

국보를 들고
튀어라?

_ 우리가 기억해야 할 문화재 약탈범 3명

일제 강점기, 백제의 수도였던 공주의 막대한 유물과 신라의 보물들이 일본으로 흘러들어갔다. 이 거대한 도둑질의 뒤에는 도굴을 하고 은밀히 문화재를 헐값에 사들인 3명의 일본인이 있었다. 공주의 백제고분인 6호분을 모조리 털어간 가루베, 금관총 유물을 '슬쩍' 한 모로가, 그리고 그런 도굴품들을 사들인 오구라가 그들이다.

낮에는 선생, 밤에는 도굴범

충남 공주의 금강변에 있는 송산은 높이 130미터의 나지막한 구릉이다. 이곳에는 현재 7기의 고분이 흩어져 있고, 가장 유명한 곳이 아무도 도굴하지 못했던 무령왕릉이다. 무령왕릉 바로 앞에는

6호분 입구와 내부. 낮에는 교사로 밤에는 도굴범으로 살았던 한 일본인 교사가 불법으로 모조리 도굴해버려 유물이 하나도 남아 있지 않다.

같은 벽돌 무덤인 제6호분이 자리 잡고 있다. 들어가보면 벽에 그려져 있는 「사신도」 외에는 아무 것도 없다. 이곳을 이렇게 말끔히 '청소한' 사람이 가루베 지온이다.

일제하인 1932년. 인근 공주고등보통학교 일본어 교사인 가루베는 20여 년 간 백제 연구란 명목으로 공주 일대를 뒤지고 있었다. 이 인물은 낮에는 '선생'이고, 밤에는 무덤을 파헤치는 '도굴범'이었다. 그는 백제문화를 연구한답시고 학생들을 동원하고 유적지 알아오기와 유물 수집을 숙제로 내주기까지 했다.

그가 공주에 부임했을 때는 이미 일본인들이 송산리 고분군의 제1호분부터 5호분까지 모조리 도굴한 후였다. 1927년에 송산리 고분들을 조사한 총독부의 『고적조사보고』에 당시 도굴 실태가 실려 있다.

1927년 3월쯤 마을 사람들의 도굴로 제1호분에서 곡옥, 유리옥, 철검, 도끼 등의 잔결이 출토됐다는데, 현재 그것들은 공주 읍내의 모 일본인이 갖고 있다고 한다. 제2호분에서도 순금 귀고리 한 쌍이 발견됐다는데, 이것은 지금 내지(일본)에 있는 아무개의 수중에 들어갔다고 한다. 이번에 조사한 고분들은 예전에 혹은 최근에 도굴당하고 있어 발견된 부장품은 극히 적었다.

5호분의 텅 빈 현실에는 '마코'라는 일제 담배갑 하나가 남아 있어 도굴꾼의 여유작작했던 행태를 보여준다.

가루베가 탐을 낸 곳은 처녀분인 제6호분이었다. 그는 총독부로부터 발굴 허가를 받고 인부들을 동원해 6호분을 마구 파헤쳤다. 그리고는 쏟아져 나오는 유물들을 강경에 있는 창고로 죄다 옮겼다. 마지막으로 무덤 바닥을 빗자루로 말끔히 쓸어낸 다음 총독부에는 '이미 도굴되어 출토 유물이 하나도 없습니다'라고 거짓 보고를 했다.

일본이 패망하자 가루베는 유물들을 트럭에 싣고 대구로 가서 조선 문화재를 헐값에 사들이고 있던 오구라 다케노스케와 함께 배에 싣고 일본으로 가져갔다. 이 6호분에서 어떤 유물이 나왔고 그 유물이 어디에 있는지, 가루베 본인 이외에는 아무도 모른다.

해방 후 국립박물관 공주분관장으로 취임한 유시종 관장이 미군정청을 통해 일본에 있는 가루베에게 과거의 컬렉션이 어떻게 됐냐고 물었다. 그는 뻔뻔스럽게도 "공주박물관에 모두 두고 왔다."고 회신했다.

희대의 도굴꾼 모로가 히데오.
금관총 발굴에 뛰어들어 국보
급 유물들을 '슬쩍' 했다.

그 후손도 질이 나쁘기는 마찬가지다. 최근 국립공주박물관이
가루베의 유족에게 문화재 반환을 요구하자 '이게 다'라며 달랑 백
제 기와 4점을 보내왔다.

모로가의 엉터리 발굴, 그리고 사라진 금관총 유물
1921년 9월 24일 아침.

경주 노서리 마을의 한 주막집 마당에서 유물이 쏟아져 나오기
시작했다. 주막집 증축을 위해 터파기 작업을 하다가 오래된 청동
과 금 제품, 유리옥 등이 발견된 것이다. 경찰은 경주에 사는 총
독부박물관 촉탁인 모로가 히데오를 통해 고적전문가를 보내달라
고 요청했다. 그런데 하필 그때 전문가들은 가야 패총의 시굴조사
를 하고 있어 당장 경주에 올 수 있는 형편이 아니었다. 결국 모로
가 히데오 등 얼치기 전문가들이 대충 나흘 만에 발굴을 끝냈다.
엉터리 발굴이라서 고고학에서 중요한 유구와 유물의 출토 상태를
기록조차 하지 않았다.

출토된 유물은 어마어마했다. 신라금관을 비롯해 팔찌와 관모,

경주 금관총에서 발굴된 유물 8점이 한국이 아닌 도쿄에서 버젓이 전시되었다.

귀고리, 허리띠와 그 장식 등 온갖 황금 제품들이 가득했다. 이른바 '금관총'의 유물들이다. 이 유물들을 보존하기 위해 경주 시민들이 성금을 모아 경주박물관이 세워졌다.

그로부터 92년이 지난 2013년, 마땅히 국립경주박물관에 있어야 할 금관총 유물이 도쿄국립박물관에 전시되고 있었다. 어떻게 된 걸까?

사건의 중심에는 엉터리 금관총 발굴에 참가한 모로가 히데오가 있었다. 그는 원래 문화재와는 아무 관련이 없는 인물이었다. 1910년대 경주에 와서 사업을 하면서 고고학 전문가인 양 행세하다 금관총 발굴에 뛰어들어 유물 8점을 '슬쩍'한 것이다. 고양이에게 생선을 맡긴 셈이다. 그 유물이 공주 6호분 유물과 마찬가지로 돈 많은 오구라에게 넘어간 뒤 그 후손들에 의해 도쿄국립박물관의 '오구라 컬렉션'에 포함된 것이다. 모로가는 이후에도 경주에서

한국에는 없는 조선 임금의 투구가 일본 박물관에 자기들 것인 양 전시되었다.

닥치는 대로 도굴을 하고 문화재를 약탈하다 1933년 도굴 사건 주범으로 지목돼 일본경찰에 체포되기도 했다.

지난 2009년 9월에는 일제 시대에 자취를 감춘 '신라 시대 옥피리'가 7억 원에 경매에 나와 세상을 놀라게 했다. 이 피리 역시 모로가가 해방과 함께 일본으로 떠나면서 포항경찰서에 근무하는 지인에게 팔았던 것으로 파악되었다. 일본에 있는 그의 집 창고에는 또 어떤 우리 문화재가 숨겨져 있을까?

고종 황제의 투구가 왜 도쿄에서 첫선을 보이나?

2013년 도쿄국립박물관은 오구라 컬렉션에 포함되어 있는 미공개 조선 문화재 20점을 처음 공개했다. 가장 눈길을 끈 유물이 조선 임금의 갑옷과 투구였다. 임금의 투구는 아직까지 국내에서 발견된 적이 없었다. 그래서 오구라 컬렉션을 통해 비로소 임금의 투구가 갖고 있는 특징을 알았다. 왕의 투구는 다른 용봉문 투구(장군이나 원수가 사용)와는 다르게 양 옆에 날개가 붙어 있는 점이 눈에 띤다. 문화재제자리찾기 대표인 혜문스님은 "박물관측이 왕실 물품임을 확인했고, 제작 시기 등을 고려할 때 고종 황제가 사용하던 것이 확실하다."고 밝혔다. 또 도록에 '명성 황후를 시해한 자객이 방에서 들고 나온 소반'이라고 설명한 풍혈반도 공개됐다.

이들 유물들은 일제 강점기에 오구라가 수집한 문화재인 이른바 '오구라 컬렉션' 1,040점의 일부이다. 국가가 관리하는 조선 왕실 유물이 시중으로 흘러 나갔다면 도난품일 가능성이 크다. 오구라 컬렉션 목록에서 불법으로 훔쳐가거나 도굴품인 정황이 확실한 문화재는 4건 34점이다.

1. 조선대원수 투구 등 왕실 유물 9점
2. 금관총 유물 8점
3. 부산 연산동 고분 출토 유물 4점
4. 창녕 출토 가야 유물 13점

우리 정부가 국제법상 반환을 요구할 수 있는 문화재들이다. 대원수투구를 보고 귀국한 혜문스님은 도쿄국립박물관에 짧은 편지를 보냈다.

"일본 국민들의 양심에 묻습니다. 나는 왜 일본에 있는 것입니까? 나는 한때나마 조선의 임금이 쓰던 투구였습니다."

"조선총독부와
종로경찰서를 폭파하라!"

_ '동에 번쩍 서에 번쩍' 의열단 활약에 일본경찰 초비상

1923년 1월 22일 새벽 3시 반, 경성의 효제동 주택가.

짙은 안개와 함께 진눈깨비가 날리고 있었다. 경성 시내 4개 경찰서에서 차출된 무장순사 1,000여 명이 효제동으로 집결해 김상옥이 은신한 이혜수의 집을 촘촘하게 포위했다. 먼저 권총으로 무장한 형사들이 1선으로 이혜수의 집을 둘러싸고, 2선과 3선에는 장총을 든 무장순사들과 기마 순사대가 배치됐다. 마지막 4선에는 헌병대와 경찰차들이 최종 저지선을 구성했다. 1진의 형사대 가운데 체포조 10여 명이 먼저 사다리를 타고 이혜수의 집 지붕 위로 올라갔다.

이혜수의 여동생 이창규는 대전에 교사로 부임하는 날이라 기차 시간에 맞춰 새벽에 일어났다. 그녀가 변소로 가려는데 지붕 위에

의열단원이었던 김상옥 의사. 조선 민중에게 '악마의 소굴'로 불린 종로경찰서에 폭탄을 던지는 의거를 감행하고 경성 시내 한복판에서 홀로 1,000여 명의 일본경찰과 총격전을 벌이다 장렬히 순국했다.

서 수근수근하는 소리가 들렸다. 형사임을 직감한 그녀는 언니를 깨워 건넌방에서 자는 김상옥을 흔들었다.

"어서 일어나시오, 김 동지! 일본경찰놈들이 몰려왔어요."

김상옥은 반사적으로 품에서 권총을 꺼내고 바깥 동정을 살폈다. 지붕 위에 형사들의 모습이 어른거렸다. 김상옥은 일단 벽장 안으로 들어가 고서 더미 속에 몸을 숨겼다. 잠시 후 형사들이 몰려 들어와 허공에 총을 쏘며 건넌방을 향해 소리를 질렀다.

"김상옥! 여기 숨어 있는 거 다 알고 왔다. 당장 나와라!"

아무 소리도 들리지 않자 문을 열고 뛰어 들었다. 그러나 방 안에는 아무도 없었다. 그 순간 김상옥은 고서 더미 뒤에서 벽을 등진 채 양손에 권총을 들고 문 쪽을 바라보고 있었다. 체포조 대장인 구라다 경부보가 벽장 안으로 들어왔다. 그는 고서 더미에 권총을 쏘며 고함을 질렀다.

탕-!

"긴소오교쿠, 고산시로!(김상옥, 항복하라!)"

그 순간 김상옥이 양손에 움켜쥔 모젤 7연발과 브로니켈 12연발 권총이 불을 뿜었다. 구로다는 비명소리와 함께 오른쪽 어깨를 움켜쥐고 그 자리에서 고꾸라졌다. 다른 형사들은 겁을 먹고 마당으로 도망쳐 나갔다. 그리고는 방 안의 벽장을 향해 일제히 총을 쏘기 시작했다. 형사들이 벽장 안을 벌집으로 만들었으나 김상옥은 이미 그곳을 빠져나간 후였다.

　그는 얇은 널빤지로 된 벽장 뒷벽을 발로 차 부순 후 옆집인 74번지를 지나 72번지로 뛰어들었다. 73번지인 이혜수의 집에서 총을 난사하며 투항을 권유하던 일본경찰은 그제서야 김상옥이 옆집으로 도망간 것을 눈치챘다. 우마노 경기도 경찰부장은 장총으로 무장한 순사들에게 72번지에 집중사격을 하라고 지시했다. 격렬한 총격전이 벌어졌다.

　어느덧 동편 하늘이 서서히 밝아오고 있었다. 진눈깨비가 날리고 있는 가운데 효제동 일대에 요란한 총소리가 울려 퍼졌다. 총성에 놀란 효제동 주민 수백 명이 경찰이 쳐놓은 통제선 앞까지 몰려나와 초조한 마음으로 구경을 하고 있었다. 주민들은 며칠 전 삼판통(오늘날 후암동)에서 의열단원이 경찰들을 쏴 죽였다는 소문을 들어 이 총격전이 그 사건과 관계있는 것으로 직감했다.

　우마노는 형사대에게 옆집 지붕에 올라가 72번지를 내려다보며 총을 쏘라고 명령했다. 형사들이 사다리를 타고 올라가는 순간 김상옥이 기다렸다는 듯이 권총을 쏘았다.

　"으아악-!" 하는 비명소리와 함께 형사 2명이 연이어 총을 맞고 굴러 떨어졌다.

　우마노는 이번에는 72번지 앞뒤 양편에서 장총으로 집중사격하

김상옥 의사의 순국을 보도한
「동아일보」 기사.

라고 지시했다. 앞뒤에서 쏟아지는 총알에 집주인 이진옥(62세)이
가슴에 총을 맞고 쓰러지고, 집안에 있던 가재도구와 장독, 유리창
이 모두 깨져 나가면서 파편이 마구 튀었다. 온몸에 파편과 유탄
을 맞은 김상옥은 집안 구석에 있는 변소로 피신했다. 이곳에서도
그는 30여 분을 형사들과 총격전을 계속 벌여나갔다.

김상옥은 남은 탄알을 확인했다. 단 3발밖에 남지 않았다. 그는
한 손은 일본경찰을 향해 권총을 겨누고, 한 손으로 머리에 권총
을 갖다 댔다. 흐릿한 눈앞에 지난 33년의 인생이 파노라마처럼 펼
쳐졌다.

혈기왕성한 20대 초반 동흥야학을 세워 아이들을 가르치던 일이
며, 영덕철물점을 차려 국산 생활용품을 개발해 보급하던 일이며,
3.1운동 직후 「혁신공보」라는 지하신문을 제작해 뿌리던 일이며, 암

김상옥 의사가 순국한 효제동 마을. 「조선일보」 1923년 3월 14일자에 실린 사진이다.

살단을 조직해 사이토 총독을 사살하려다 실패한 일이며, 상하이에 가서 의열단에 가입해 동지들과 투쟁의 각오를 다지던 추억까지……

김상옥은 모젤 7연발 권총의 방아쇠를 힘껏 당겼다.

타앙-!

권총 소리를 듣고 일본경찰들이 일제히 집안으로 들어갔다. 그들은 김상옥의 시신을 보고 깜짝 놀랐다. 두 손에 모두 권총을 쥐고 있었고, 죽은 후에도 둘째손가락은 여전히 권총의 방아쇠에 걸려 있었다.

김상옥은 이렇게 장렬하게 순국했다. 일제에게 나라를 뺏긴 후 항일 독립투사가 경성 한복판에서 홀로 1,000여 명의 무장경찰과 이렇게 오랜 시간 총을 들고 맞서 싸운 경우는 김상옥 의사가 유일했다.

'악마의 소굴' 종로경찰서에 날아든 폭탄

김상옥과 일본경찰의 총격전이 벌어지기 닷새 전. 경성의 중심가에 버티고 서서 독립운동가들을 탄압하는 소굴이었던 종로경찰서에 폭탄이 날아들었다. 그 사건을 「동아일보」는 이렇게 보도했다.

"12일 밤 8시 10분에 종로서 서편 모퉁이 길에서 어떤 청년이 경찰서 창문을 향해 폭탄 1개를 던져 '쾅!' 하는 소리를 내며 폭발했다. 폭탄이 터지자 종로네거리는 물론 부근 일대에서는 큰 소동이 벌어졌다. 숙직 경찰들은 대경실색하여 수색에 나섰는데, 피해는 서편으로 난 유리창 두어 개가 깨졌고, 폭탄이 터질 때 지나가던 행인 5명이 파편에 맞아 다쳤다."

폭발 소리가 어찌나 컸던지 종로통 전체에서 그 소리를 들을 수 있었다. 하루 일과를 마치고 집으로 가던 행인들이 종로경찰서 앞으로 모여들었다. 종로 일대가 구경꾼으로 가득했다.

폭탄이 터진 종로경찰서는 조선 민중에게는 '악마의 소굴'이었다. 3.1운동의 민족대표 33인을 비롯해 수많은 항일투사와 그 가족들이 이곳에서 모진 고문을 당했다. 한 번 종로서에 끌려간 독립운동가들은 성한 몸으로 돌아오지 못했다. 몽둥이찜질은 물론이고 물고문, 손톱뽑기, 전기고문 등 온갖 잔인한 고문이 난무했다. 이런 종로경찰서에 폭탄이 던져졌다는 소식은 경성은 물론이고 조선 팔도로 빠르게 퍼져나갔다. '속이 후련하다', '장하다'는 반응이 쏟아졌다.

한편, 번화가 한가운데 있는 경찰서에서 폭탄이 터지자 일본경찰은 아연실색했다. 수사선상에 3년 전 암살단을 조직해 사이토 총

1923년 김상옥 의사의 의거 당시 종로경찰서(옛 한성전기 사옥).

독을 암살하려다 도주한 김상옥이 떠올랐다. 이들은 동대문 일대에 사는 김상옥의 가족과 친척들을 철저히 감시하기 시작했다. 사건 발생 나흘 만에 김상옥이 경성 삼판통(오늘날 후암동)에 있는 매부 고봉근의 집에 은신하고 있다는 정보를 입수했다.

1923년 1월 17일 새벽 5시 경.

눈보라가 치는 가운데 건장한 사내 20여 명이 삼판통 고갯길에 있는 고봉근의 집을 둘러쌌다.

탕, 탕, 탕!

무장경찰들이 집에 뛰어들어 집주인 고봉근을 포박하고 소리를 지르자 김상옥은 양손에 든 쌍권총을 발사했다. 격렬한 총격전 끝에 김상옥은 먼저 종로서 유도사범이자 형사부장인 다무라를 사살했다. 이어 우마세 경부와 우메다 경부 등 여러 명에게 중상을 입힌 후 총을 쏘며 눈 덮인 남산으로 올라갔다. 일본경찰은 군대까지 동원해 남산을 샅샅이 수색했으나 자취를 찾을 수 없었다. 김상옥은 왕십리에 있는 안정사에 들어가 승려에게 짚신과 장삼을 빌려 입고 동지 이혜수가 사는 효제동 집에 은신했다가 이곳마저 일본경찰이 탐지해 몰려오자 두 번째이자 최후의 장렬한 총격전을 벌인 것이다.

김상옥을 경성에 파견한 조직은 1919년 11월 9일 만주 지린성에서 결성한 의열단이었다. 의열단은 꼭 파괴해야 할 일제기관 5개인 '5파괴'와 암살 대상인 '7가살'을 정했다. '5파괴'는 조선총독부, 동양척식주식회사, 매일신보사, 경찰서, 기타 중요 기관이다. '7가살'은 조선총독과 그 하수인들, 일본군 수뇌, 대만총독과 총독부 고관, 친일파 거물, 밀정, 반국민적 토호, 매국노였다.

종로경찰서에 김상옥이 폭탄을 던지기 전에 또 하나의 '5파괴'인 조선총독부 파괴에 나섰던 또 다른 의열단원이 있었다. 그가 김익상이다.

'식민 통치의 심장부' 조선총독부에 날아든 2개의 폭탄

1921년 9월 12일 오전 10시.

전기공으로 가장한 의열단원 김익상은 '왜성대'로 불리는 조선총독부 정문에 들어섰다. 무장헌병이 "누구냐?"고 묻자 "전기 고치러 왔습니다."고 대답하며 통과했다. 건물에 들어서 2층에 올라가자 재빠르게 2개의 폭탄을 사무실에 던졌다.

쾅-!

요란한 폭발음에 이어 유리창 깨지는 소리, 비명소리와 함께 희뿌연 연기와 화약 냄새가 건물 가득 퍼졌다. 하나는 폭발했지만 다른 하나는 불발탄이었다. 폭발로 창문과 벽, 바닥 등 건물 일부가 부서졌지만 인명 피해는 없었다. 폭탄이 터진 회계과장실은 때

광화문에 중앙청이 세워지기 전 남산 기슭 필동에 있었던 조선총독부 건물. 의열단원 김익상이 던진 폭탄이 터질 당시에는 3대 총독 사이토 마코토가 부임해 있었다.

마침 직원들이 업무차 방을 비웠기 때문이다. 비서과 인사계실에 던진 폭탄은 스즈키의 뺨을 스치고 책상 위에 떨어졌지만 폭발하지 않았다.

폭탄을 던진 김익상은 아래층으로 내려가면서 급하게 올라오는 헌병과 경찰들에게 유창한 일본어로 "위험하다! 올라가면 안 된다!"고 외치면서 유유히 정문 밖으로 나갔다. 충격에 빠진 일본경찰은 서울과 경기도에 비상경계령을 내리고 검문검색을 벌였으나 범인은 오리무중이었다.

사건 발생 1주일 후.

베이징의 천안문 남쪽 부근 민가에 모여 있던 의열단원들은 갑자기 문을 열고 들어온 청년을 보고 벌린 입을 다물지 못했다. 신문 보도를 보고 조선총독부 폭탄 테러가 성공한 것을 알았지만 그가 무사히 그들 앞에 나타나리라고는 상상도 못한 것이다. 김익상이 싱긋 웃으며 입을 열었다.

"임무를 마치고 무사히 귀환했습니다."

의열단원들은 모두 그를 껴안고 뜨겁게 환영했다.

잇따른 총격에 혼비백산, 도주하는 일본 육군대장

조선총독부에 폭탄이 터지고나서 6개월이 지난 1922년 3월 초.

의열단장 김원봉은 상하이에 의열단원들을 불러모았다. 일본 육군의 실세 다나카 기이치 대장이 싱가포르와 홍콩을 거쳐 상하이에 온다는 정보 때문이었다. 누가 그를 처치할 것인가를 상의하자 오성륜, 김익상, 이종암이 앞다투어 "내가 처치하겠다."고 자청했다. 누구도 양보하지 않아 결국 셋이 함께하기로 하고, 다나카가 배에서 내릴 때 오성륜이 1선을 맡아 저격하고, 실패하면 김익상이 차로 가는 그를 저격하고, 이마저 실패하면 차에 탈 때 이종암이 확인 사살한다는 계획을 세웠다.

1922년 3월 29일, 배가 상하이 황푸탄(黃浦灘) 공공부두에 도착하자 다나카는 마중나온 인사들과 악수를 나눴다. 그때 오성륜이 권총을 꺼내 발사했다. 그러나 총알은 옆에 선 영국 여인을 맞혔다. 이어 2선의 김익상이 승용차로 도주하는 다나카에게 권총을 발사했지만 그의 모자창만 뚫었다. 김익상은 다시 폭탄을 꺼내 그를 향해 던졌으나 불발이었다. 그러자 3선의 이종암이 군중을 뚫고 나가 다나카가 탄 승용차에 폭탄을 던졌지만 또 불발이었다. 이종암은 재빨리 외투를 벗어버리고 군중 사이로 몸을 숨겼지만 오성륜, 김익상은 일본경찰과 헌병에게 체포되었다.

일본영사관 경찰서로 끌려간 두 사람은 혹독한 조사를 받았다.

상하이 황푸탄의 오늘날 모습. 의열단은 이곳에서 전 육군대신 다나카 대장을 죽이려고 세 차례 저격했지만 아쉽게도 실패했다(사진 권태균 제공).

조사 도중 김익상이 조선총독부 폭탄 투척 사건의 주인공으로 밝혀지자 일제는 경악했다. 그 와중에 오성륜은 일본인 죄수와 함께 영사관 감옥을 부수고 탈출해 또 한 번 세상을 놀라게 했다.

일본이 패망하고 조선을 떠난 일본 공안당국 수뇌들의 회고담에는 공통된 이야기가 나온다.

"조선 독립군 1개 사단보다 의열단의 폭탄이 더 무서웠다."

1.

"조선인의 고혈을 빨아먹는
동양척식회사를 박살내겠다"

_ 나석주 의사, 일본경찰과 총격전 끝에 순국하다

1926년 12월 28일 오후 2시, 서울 황금정(오늘날 을지로) 입구의 동양척식주식회사 앞.

중국인 복장의 한 청년이 신문지를 싼 폭탄을 옆구리에 끼고 건물을 바라보았다. 매서운 겨울바람이 정문 앞을 휘몰아치고 지나갔다. 건물 구석구석을 살피던 청년은 정문을 향해 걸어갔다. 일본인 마쓰모토 수위가 까다롭게 물어보고 진입을 막았다.

청년은 발길을 돌려 남대문통 큰길로 나와 식산은행 건물 안으로 들어갔다. 연말을 앞두고 창구는 일본인 고객들로 붐비고 있었다. 그는 재빨리 폭탄을 싼 신문지를 벗기고 안전장치를 뽑아 던진 후 서둘러 빠져 나왔다. 아무 소리도 들리지 않았다. 불발이었다. 폭탄을 발견한 직원이 경찰서에 신고하자 경찰의 요란한 호루

나석주 의사 의거 당시의 식산은행. 조선인들에게 비싼 이자로 돈을 빌려주며 이윤을 착취했다.

라기 소리가 정적을 뒤흔들었다.

"길은 하나밖에 없다. 2천만 조선인의 원부 동양척식, 너를 이 폭탄으로 상대해주마!"

청년은 다시 골목길을 통해 동양척식주식회사로 달렸다. 현관을 통과하려 하자 일본인 기자와 이야기를 나누던 마쓰모토 수위가 쫓아와 욕설을 하며 가로막았다.

탕!

탕!

청년은 수위와 일본인 기자에게 권총을 발사했다. 이어 2층으로 뛰어 올라가 토지개량부와 기술과 직원들에게 총을 난사한 뒤 하나 남은 폭탄을 힘껏 던졌다. 폭탄은 끝내 터지지 않았다. 호루라기 소리와 사이렌 소리가 들리며 경찰들이 몰려오고 있었다. 청년은 1층으로 내려와 후문을 박차고 밖으로 나갔다. 단숨에 전찻길을 건넜다. 행인들이 화들짝 놀라며 길 옆으로 물러섰다.

경기도 경찰부 소속의 다바타 경부보는 외근을 나왔다가 우연히 권총을 든 괴한과 맞부딪혔다. 다바타가 허리춤에 찬 권총집으로 손을 가져갔다. 다바타가 미처 총을 뽑기도 전에 총탄이 날아왔다. 다바타는 전찻길 한가운데 큰 대 자로 나가떨어졌다. 청년은 다시 뛰었다. 그러나 얼마 가지 못하고 멈추었다. 경찰이 포위망을 좁혀오고 있기 때문이다. 이제서야 생의 마지막 순간이 왔음을 깨달았다. 청년은 몰려든 군중들을 향해 외쳤다.

"우리 2천만 민중아! 나는 그대들의 자유와 행복을 위해 희생한다. 나는 조국의 자유를 위해 투쟁했다. 2천만 민중아, 분투하여 쉬지 말아라!"

탕, 탕, 탕!
청년은 자기 가슴에 3발의 총을 쏘고 풀썩 쓰러졌다. 서둘러 총독부 병원으로 이송되는 중에 종로경찰서 미와 경부가 물었다.
"너 조선놈이지? 이름이 뭔가?"
"이런 왜놈……! 이름은 나, 석, 주. 황해도 재령군 북율면 진초리다."
미와가 간청하듯 물었다.
"공범의 이름을 대라."
청년은 자신을 둘러싼 일본경찰들을 무섭게 쏘아보다 그대로 숨을 거두었다. 나석주의 나이 서른다섯이었다.
나석주의 의거로 다바타 경기도 경찰부 경부보와 동양척식주식

나석주 의사가 폭탄을 던진 동양척식주식회사 경성지사.

회사 토지개량부 오모리 차석 등 3명이 사살되고 4명이 중상을 입었다. 백주대낮에 경성 도심에서 벌어진 총격전은 일본경찰을 충격에 빠뜨렸다. 일제는 보도를 일체 금지했다가 사건 발생 17일이 지나서야 해제했다. 「동아일보」는 1927년 1월 13일 호외를 발행했다가 경찰이 발표하지 않은 내용이 들어 있다는 이유로 폐기처분당하자 다시 '호외의 호외'를 발행했다.

한편 나석주 의사가 장렬하게 순국한 뒤 일본경찰은 나 의사의 소지품을 뒤졌다. 조사 결과 나 의사가 던진 강력 폭탄이 소련제이고, 66발의 총알과 권총은 스페인제로 밝혀지자 일제는 깜짝 놀랐다. 일본에 대항하는 의열 투쟁이 이제는 국제적 차원으로 확산된 것이다. 혈안이 된 일제는 국내외 수사망을 총동원해 정보를 수집한 결과, 나석주의 배후에 중국으로 망명한 심산 김창숙과 의열단이 있다는 사실을 알아냈다.

김창숙과 의열단이 동양척식주식회사를 폭파 대상으로 정한 것은 이 기관이 조선 민족의 땅과 농민을 착취하는 주범이기 때문이다. 한반도를 본격적으로 침략한 일제는 1908년에 서울 을지로에 동양척식주식회사(동척)를 설립했다. 동양척식주식회사는 주로 조선 농민의 땅을 합법을 가장해서 빼앗아가는 회사로, 설립 5년 만에 5만 정보(1정보는 약 3,000평)의 땅을 사들이고 전라도와 황해도의 비옥한 농토를 온갖 교묘한 수단과 강압으로 접수해 갔다. 그래서 1924년에는 거의 10만 정보의 땅을 차지했다.

이렇게 강제로 점령한 땅을 다시 농민에게 소작을 주고 5할이 넘는 소작료를 거두어들였다. 거기다가 곡식이 떨어진 농민에게 미리 곡물을 빌려주고는 2할이 넘는 이자를 받았다. 이렇게 조선 농민을 착취해서 거두어들인 쌀을 일본으로 실어 날랐다.

나석주, 김창숙의 밀령을 받고 조선에 잠입하다

의거 7년 전인 1920년 1월 4일 황해도 사리원의 나석주 집에 김덕영, 최호준, 최세욱, 박정손, 이시태 등 6명이 모여 앉았다. 이들은 그 자리에서 민족 해방을 위해 목숨을 바칠 것을 결의하고, 군자금을 모아 무기를 구입해 일제를 공격하기로 의견을 모았다.

그로부터 두어 달 뒤인 1920년 3월 하순의 어느 날 밤, 사리원의 부호 최병항의 집에 권총을 든 6인조 복면강도가 침입했다. 이들은 강도답지 않게 최 부자에게 엎드려 큰절을 했다.

"저희는 조국의 독립을 위해 군자금을 마련하려고 찾아온 젊은이들입니다."

무거운 침묵이 오래 흘렀다. 이윽고 최 부자가 입을 열었다.

경성의 도심을 뒤흔든 나석주 의사의 영정 사진.

"너 석주로구나. 복면을 쓰고 있을 필요 없네. 그래, 춘부장께서 는 안녕하신가?"

깜짝 놀란 나석주가 복면을 벗자 모두 차례로 얼굴을 드러냈다.

"내가 지금 갖고 있는 돈은 이것밖에 없으니 유용하게 쓰게나."

630원. 최 부자가 내놓은 돈은 당시로서는 엄청난 거금이었다. 감동한 젊은이들은 다시 한 번 엎드려 큰절을 올리고 말했다.

"저희가 떠나고 나면 곧바로 왜경에게 연락해서 권총 강도를 당 했다고 신고하십시오. 왜경이 눈치 채면 봉변을 당하십니다."

정말 당시로서는 보기 드물게 통 큰 애국 갑부였다. 6인조는 이 런 식으로 황해도 일대를 휩쓸고 다녔다. 목표액을 달성하자 이들 은 체포를 피하기 위해 흩어졌다. 나석주와 김덕영은 피신해 다니 다 평남 대동군에서 악명 높은 왜경 1명과 군민들의 원성이 자자 하던 은율군수를 처단한 뒤 9월 22일 중국으로 망명했다. 나석주는 상하이에서 황해도 양산학교에 다니던 시절 은사이던 백범 김구를 다시 만나 그의 휘하에 들어갔다.

한편, 국내에 은밀히 들어가 군자금을 모아온 김창숙은 모금 활동을 할 때 "출국하는 대로 당장 이 돈을 의열단 결사대에게 넘겨주어 왜놈들의 각 기관을 파괴하겠다."고 한 약속을 지키기 위해 동분서주했다. 그러다 김구의 소개를 통해 국내에 잠입해 왜정 기관을 파괴할 젊은이들을 만나게 되었다. 나석주, 이승춘, 한봉근이 그들이었다. 김창숙 선생은 이들에게 아나키스트 유자명을 통해 구입한 무기(폭탄 3개, 권총 7정, 실탄 490발)와 거사 자금을 전달했다.

그러나 조선에 잠입하기 위해 웨이하이웨이(威海衛)로 떠난 나석주 일행은 배편을 구하지 못해 6개월을 허송세월하다 자금만 허비하게 되었다. 그 소식을 들은 김창숙은 웨이하이웨이로 달려와 수십 일을 같이 기거하면서 젊은이들을 격려했다. 드디어 1926년 12월 24일 배편을 마련했으나 3명이 함께 국내에 들어가기에는 자금이 모자라 나석주 의사 홀로 배에 올랐다. 나석주의 손에 들린 가방에는 폭탄 2개와 10연발 권총, 그리고 다량의 실탄이 들어 있었다. 나석주는 유창한 중국어를 구사하면서 중국인 노동자로 위장해 경성에 잠입했다.

그를 배웅한 뒤 김창숙은 일기장에 이렇게 썼다.

"장하고 열렬하도다. 단신에 총 한 자루를 갖고 많은 적을 쏘아 죽인 다음 자신은 태연히 죽음으로 돌아가는 듯이 생각하고 있으니, 3.1운동 이래 결사대로 순국한 이가 퍽 많았

나석주 의사의 의거를 보도한 「동
아일보」 기사.

지만 나 군처럼 한 사람은 없었다."

　나석주 의거를 수사하던 일본경찰은 국내에서 일대 검거 작전을
벌였다. 김창숙이 유림들을 상대로 군자금을 거둬간 사실을 알아
내고 관련 인사 600여 명을 무차별 구속했다. 이른바 '제2차 유림
단 사건'이었다. 상하이에서 은신하던 김창숙도 영국 조계에 있는
병원에서 밀정의 모략에 빠져 일본 총영사관 형사들에게 체포되었
다. 1927년 6월 27일의 일이었다.
　나석주 의사가 순국한 직후 장남 응섭은 부친의 시신을 찾으러
갔다가 오히려 8일 동안 구금되어 고문을 받았다. 일제에 의해 미
아리 공동묘지에 강제 매장된 나 의사의 유해는 아들에 의해 수습

서울시 중구 을지로 2가에 있는 외환은행 본점 화단에는 '나석주 의사 기념터'라는 작은 비석과 동상이 서 있다.

돼 고향인 황해도 재령 땅에 묻혔다.

분단 후에는 후손과 묘지의 소식이 묘연하다. 이 때문에 현재 동작동 국립묘지에는 묘소 대신 무후선열제단에 위패가 모셔져 있다. 세월이 흘러 일제가 패망하고 나라를 되찾자 대한민국 정부는 1962년 3월 1일 나석주 의사의 공훈을 기리어 건국공로훈장 대통령장을 추서했다.

한편, 김상옥·나석주의사기념사업회는 지난 1999년 11월 17일 제60회 순국선열의 날을 맞아 나 의사의 의거 현장인 당시 동양척식주식회사 경성지사 자리에 의사의 동상을 제막했다.

서울 지하철 2호선 을지로입구역 5번 출구로 나가서 직진하면 외환은행 본점이 나온다. 이 건물 왼쪽 화단에서 나석주 의사 동상과 의거 터 표석을 찾을 수 있다. 표석에는 '1926년 12월 나석주 의사가 일제 동양척식회사에 투탄하고 일본경찰과 총격전 중 자결한 곳'이라고 쓰여 있다.

언젠가 우연히 그곳을 지나치게 된다면 지금으로부터 80여 년 전 12월의 삭풍이 불던 그날, 권총을 들고 일본경찰과 시가전을 벌이다 장렬하게 순국한 한 애국 청년을 잠시나마 기억해주기 바란다.

일본인 교수, 조선인 독립운동가를
토굴에 숨겨주다

_ 공산주의 혁명가 이재유와 일본인 교수 미야케의 동지적 우정

"이재유가 달아났다!"

일제가 만주를 석권하고 3년이 지난 1934년 4월 13일 밤.

조용하던 서대문경찰서에 날카로운 호루라기 소리가 울려 퍼지
더니 고함소리와 함께 당직 경찰들이 이리저리 뛰어다녔다. 경성과
경기도 경찰부 병력이 총동원되어 시내를 샅샅이 뒤졌지만 달아난
이재유의 행방은 묘연했다. 일본경찰이 더 충격을 받은 것은 이재
유가 한 달 전에 한 번 탈출했다가 붙잡히자 2명의 감시인을 붙이
고 양손에 자동수갑까지 채운 상태였기 때문이다.

당시 경찰서 고등계 형사실에서 고문과 구타 속에 혹독한 조사
를 받던 이재유는 양심적인 일본인 순사 모리다의 묵인 아래 1차
탈출에 성공했다. 그는 비가 추적추적 내리는 밤에 정동 골목길을

달리다 경찰이 보이자 어떤 집의 담장을 넘어 들어갔다. 그런데 하필 그곳은 미국 영사관이었다. 미국 영사가 초라한 행색의 이 조선인을 도둑으로 단정하고 일본경찰에 넘기는 바람에 1차 탈출에 실패했다.

그러면 이번에는 어떻게 탈출했을까? 이재유는 배달되는 우유의 양철 병뚜껑과 짓이긴 밥알을 이용해 수갑 내부의 형을 떠서 열쇠를 만들었다. 이어 개인 사물함에서 외투와 마스크, 지폐를 꺼내놓고 탈출 기회를 노렸다. 그러다 같은 방에 있던 피의자가 설사 때문에 당직 경찰과 함께 화장실에 간 사이에 유유히 경찰서를 빠져나갔다.

조선의 혁명가, 일본인 교수 집에 은신하다

택시를 타고 이재유가 찾아간 곳은 동숭동 경성제대 교수 관사였다. 평소 친분이 있는 일본인 사회주의자인 경성제대 법문학부 교수 미야케 시카노스케(三宅鹿之助, 1899~1982)가 반갑게 맞았다. 이곳에서 다다미 밑의 나무마루 아래 흙을 파서 토굴을 만들었다. 이재유는 38일 후 미야케 교수가 다른 사건으로 체포될 때까지 이 토굴에 은신했다. 그동안 이재유는 응접실 탁자 자리 부근에 젓가락이 들어갈 정도의 구멍을 파서 종이쪽지를 주고받으며 미야케와 연락을 취했다.

독립운동사에 길이 남을 이 '전설의 도망자' 이재유는 누구인가?

이재유는 1905년에 함경북도 삼수에서 태어났다. 공부가 더 하고 싶었던 이재유는 1920년 아버지가 친척에게 갚고 오라고 준 돈을 들고 무작정 상경해 학비를 벌기 위해 막노동을 했다. 1926년

체포된 이재유의 수감 당시 사진.

개성의 송도고보에 입학했지만 동맹휴학을 주동했다가 퇴학을 당했다. 퇴학 후 얼마 되지 않아 일본으로 건너간 이재유는 많은 이들의 인간적 신뢰를 얻어 신간회 도쿄지회 위원, 도쿄조선노동조합의 중요 인물로 떠올랐다. 또 1928년 네 번째로 조선공산당이 재건될 때 일본총국의 중앙위원으로 선출되어 고려공산청년회 일본총국 선전부장을 맡았다. 그러나 일본경찰이 대대적으로 고려공산청년회 검거를 실시하면서 이재유도 검거된다. 경성으로 압송된 그는 치안유지법 위반으로 징역 3년 6월을 선고받았다.

1930년대 초반의 조선은 이미 민족주의 진영이 대부분 친일로 돌아서고 조선공산당마저 궤멸되어 일본에 대한 저항이 사실상 끊긴 상태였다. 출감 후 이재유는 붕괴된 조선공산당 재건을 결심하고 지조를 잃지 않고 있는 운동가들과 함께 경성 시내 노동자와 부두 노동자, 학생 운동, 농민 조합을 연결해 연쇄 파업, 동맹휴학을 지도했다. 일련의 파업을 주시하던 일본경찰은 배후에 조직이 있는 것으로 추정하고, 대규모 검거와 고문 수사 끝에 다시 이재유를 검거한 것이다.

농사를 지으며 조직을 재건하다 다시 체포되다

탈출에 성공한 이재유는 갓 출옥한 동지 이관술(전 동덕여고 교사)을 만나 서울서 멀지 않은 경기도 양주군 공덕리(오늘날 노원구 창동) 농촌 마을에 정착했다. 두 사람은 여기서 낮에는 농사를 짓고, 밤에는 전국 조직에 뿌릴 팸플릿을 만들었다. 이재유는 수시로 서울로 나가 조직 재건에 몰두했다.

이재유가 탈출하자 일본경찰은 연일 그를 왜 체포하지 못하느냐는 상부의 질책에 시달렸다. "우리도 놈을 체포하려고 불굴의 노력을 다하고 있습니다."라고 변명하기 바빴다. 식민지 35년을 통틀어 일본경찰이 가장 잡고 싶어 한 인물이 이재유였다. 이재유의 뒤를 쫓던 일본경찰은 1936년 12월 25일 창동역 부근 야산에 이재유가 나타난다는 정보를 입수했다.

오전 11시, 다양한 차림새의 형사 60명이 코밑에 수염을 기른 농부 차림의 사내를 덮쳤다. 이재유였다. 그는 끌려가면서도 미친 사람처럼 소리를 지르며 저항했다.

"놔라, 이 더러운 쪽발이놈들아! 일본이 영원할 줄 아느냐?"

그렇게 소리를 지른 것은 자신을 기다리는 이관술에게 빨리 도망가라는 신호였다. 이렇게 해서 이재유는 서대문경찰서에서 탈출한 지 2년 8개월 만에 다시 붙잡혔다. 다음 해 4월 30일, 조선총

1937년 일제의 어용신문인 「경성일보」 호외. 이재유 체포 기사에서 '집요 흉악한 조선 공산당 마침내 괴멸하다'라고 보도했다.

독부의 어용신문인 「경성일보」는 호외까지 발행하면서 한 독립운동 가의 체포 소식을 떠들썩하게 알렸다.

7년 후인 1944년 10월 26일, 이재유는 조국의 해방을 보지 못하고 청주보호교도소에서 병사하였다. 그가 숨지기 직전 어느 30대 여인이 다 죽어가는 이재유를 등에 업고 청주교도소 철문을 나섰다. 결핵과 각기병에 시달리던 이재유는 제대로 숨을 고르지 못하고 여인의 손을 힘없이 잡아보고 턱을 비스듬히 젖히고 말았다. 이재유의 임종을 지켜본 여인은 옛 연인이자 동지였던 이순금이었다.

이재유가 체포되자 잠적한 이관술은 조직 재건에 나섰다. 그는 전국을 돌며 이재유와 연결된 인물들 100여 명을 엮어 전국 조직을 만들었다. 지도자로는 감옥에 있는 이재유 대신 조선 공산주의 운동의 상징인 박헌영을 영입했다. 이 조직이 35년 일제 치하에서

「조선일보」 1937년 5월 1일자 호외. 앞줄 왼쪽에서 두 번째로 두 손을 앞에 모은 인물이 체포된 이재유다. 일본 형사들은 체포 성공을 기념한다며 변장한 복장 그대로 기념촬영을 했다. 당시 서대문경찰서는 축제 분위기였다고 한다.

마지막으로 저항한 '경성콤그룹'이다. 그러나 1941년 몇 차례에 걸친 검거 선풍으로 조직원 대부분이 체포되면서 와해된다. 당시 서대문형무소에 있던 제3차 조선공산당 대표였던 김철수 씨의 회고를 들어보자.

"감옥에 자꾸만 박헌영파만 잡혀와. 공산당 재건운동 한다고 잡혀오는 거야. 우리 파는 이권운동이다, 양조장이다, 정미소나 하면서 왜놈들한테 얻어먹고 다니는데……. 그걸 보고 일본놈들이 패망하면 아무래도 박헌영을 내세워야지, 그런 생각을 했지."

1931년 일본이 만주를 점령하자 사회주의 운동이건 민족주의 운동이건 거의 대부분 지하로 들어갔다. 일부 사회주의 운동가를 제외한 대부분의 우국지사가 친일의 길을 밟았다. 그러므로 해방이 되자 이재유 계열이 조선공산당의 주도권을 잡은 것은 당연지사였다. 그러나 남북 분단과 미소 주둔, 단독 정부 수립, 한국전쟁을 거치며 이들은 남과 북에서 모두 버림받았다. 하지만 여자들은 살아남았다. 이재유로부터 지도를 받은 이관술의 동덕여고 제자 이효정 할머니는 이렇게 과거를 회상했다.

"일제 시대에는 사회주의가 진리였습니다. 사회주의도 많은 일을 했어요. 적어도 독립운동에서는 그랬어요. 나는 젊음을 사회주의 운동에 바친 것을 후회하지 않습니다."

24시간 후의 자백, "내 집에 이재유가 있습니다"
한편, 이재유를 자신의 집에 은신시킨 일본인 교수 미야케는 어떻게 되었을까?

이재유의 2차 탈옥으로부터 한 달여가 지난 1934년 5월 21일.

서대문경찰서에 끌려온 미야케 교수는 공산주의 조직과의 관련성과 이재유의 행방을 대라는 일본경찰의 고문에 시달렸다. 탈옥한 이재유를 잡기 위해 500원의 현상금이 내걸리고 경성 시내 5개 경찰서에 비상이 걸린 상태였다. 고초를 겪던 미야케 교수는 "하루만 시간을 주면 다 자백하겠다."고 토로했다. 일본경찰은 일단 조사를 중단했다.

미야케 교수의 동숭동 관사 다다미방 밑 토굴에서 이재유는 미

1930년대 독립운동을 하던 사회주의자들이 자주 접선하던 '황금정' 일대. 오늘날 을지
로다. 이재유는 서대문경찰서에서 2차 탈출한 뒤 택시를 타고 이곳에 내렸다.

야케가 경찰에 연행되고 가택 수색을 하는 소리를 모두 듣고 있었
다. 일본경찰이 철수하자 이재유는 조용히 토굴에서 나와 짐을 챙
긴 후 어둠 속으로 사라졌다.

한편 하루가 지난 후 미야케 교수는 경찰에게 자백했다. 24시간
이면 이재유가 충분히 몸을 피할 수 있다고 판단한 것이다.

"내 집에 이재유가 숨어 있습니다."

놀란 경찰이 관사를 덮쳤지만 이재유는 없었다. 경찰은 미야케
교수를 두들겨 패며 분노를 쏟아냈지만 이미 상황은 종료된 후였
다. 이 사건은 일제의 보도통제로 기사화되지 못하다가 1년이나 지
난 1935년 8월 24일에야 조선은 물론 일본의 각 신문에 보도되면
서 세간에 알려졌다. 조선인들은 경찰서를 탈출한 이재유가 숨어
있던 곳이 일본인 경성제대 교수의 집이었다는 사실에 "독립운동

1936년 서대문형무소에서 옥고를 치를 때의 이재유(왼쪽). 국내에서 치열하게 독립 운동을 벌였지만 해방을 보지 못하고 옥사했다. 제국주의 조국에 동조하기보다는 약소국의 민족해방이라는 대의에 공감하고 이재유와 동지적 우정을 나누었던 경성제대 교수 미야케 시카노스케(오른쪽).

사상 초유의 일"이라며 흥분했다.

더 충격을 받은 건 조선총독부와 일본 정부의 수뇌부였다.

"대일본제국의 최고 엘리트가 조선인의 독립운동을 돕다니……!"

미야케 교수는 도쿄제국대학(오늘날 도쿄대학) 경제학부를 졸업하고 독일 유학을 다녀온 후 1927년에 경성제대 법문학부 교수로 부임한 일본 최고의 마르크스 경제학 권위자였다. 그가 수감되고 교수직에서도 쫓겨나자 관사를 나온 아내 히데는 명동에 헌책방을 차리고 출소 때까지 남편을 뒷바라지했다. 미야케 교수는 석방된 후 일본으로 돌아갔다. 그는 일제가 망할 때까지 강단에 서지 못하다가 8.15 해방 후에야 일본의 대학에 들어갔다.

미야케 교수의 경성제대 수제자 이강국. 일제 하의 출세가 보장된 자리를 버리고 조선이 해방될 때까지 끈질기게 독립운동을 벌였다.

일본의 개로 살 것인가, 양심에 따라 가시밭길을 걸을 것인가

일제 강점기에 일신의 영달을 좇느냐, 사상과 양심에 따라 행동하느냐, 하는 두 부류로 나뉘기는 학자들도 예외가 아니었다. 일제에 충성 맹세를 하고 일본의 개가 되기를 자처한 조선인 학자들이 있는가 하면 학문적 양심을 걸고 제국주의에 반대하다 가시밭길을 걸은 일본인 학자도 있었다.

조선총독부가 기획, 전파한 식민사관의 선봉에 서서 한국사를 멋대로 왜곡 날조한 이병도 같은 학자가 전자의 한 예라고 할 수 있다. 그 대척점에 서서 지식인의 양심을 온몸으로 실천한 미야케 교수는 약소국의 민족해방이란 대의 속에서 조선의 독립운동을 도운 대표적인 인물이었다.

미야케 교수가 투옥되고 바로 일본으로 돌아간 뒤에도 그가 키운 제자들은 치열하게 독립운동을 벌였다. 조선 최고의 국문학자 김태준을 비롯해 이강국, 정태식, 최용달, 박문규 등 기라성 같은 제자들이 변절하지 않고 조선공산당 재건 운동을 벌여나갔다.

이재유와 미야케.

국적은 달랐지만 식민지 조국 해방과 제국주의 타파라는, '다른 듯 같은' 목표를 지향한 인류의 양심이었다.

9.

"추풍낙엽 지듯이
일본놈들이 우수수 떨어졌다"

_ 여성혁명가 이화림, 테러에 이어 무장투쟁에 나서다

부부로 가장해 식장에 들어간 윤봉길, 폭탄을 던지다

상하이에서 일본군과 중국군이 한바탕 맞붙은 상하이사변 직후
인 1932년 4월 29일 상하이의 훙커우공원(오늘날 루쉰공원) 입구. 전
투에서 승리한 일본은 이곳에서 상하이 점령 축하식과 일왕의 생
일을 축하하는 기념식을 열 예정이었다. 이 공원에 말쑥한 스프링
코트를 입고 도시락과 물통을 든 청년이 화사한 양장 차림의 여자
와 함께 다정하게 들어섰다.

식장 입구에서 남자가 입을 열었다.

"여기서 헤어집시다."

"반드시 성공하세요."

남자는 김구 선생이 이끄는 한인애국단의 윤봉길 의사로, 약관

I. 근대로 가는 힘겨운 길목에 서다   91

24살 청년이었다. 양장을 한 여인은 김구 선생의 비서인 27살의
'항일전사' 이화림이었다.

윤봉길은 오른손에는 일장기, 왼손에는 도시락과 물통을 들고
게다를 신은 채 태연하게 식장 안으로 들어갔다.

오전 11시 40분 축하식 중 일본 국가가 거의 끝날 무렵, 갑자기
폭발음이 잇따라 들렸다.

쾅-! 쾅-!

식장은 삽시간에 아수라장으로 변했다. 도시락과 물통에 담긴
폭탄은 시라카와 대장과 가와바타 일본거류민단장을 즉사시키고,
노무라 중장의 두 눈을 날려버리고, 우에다 중장의 다리를 부러뜨
렸다. 무라이 총영사와 도모노 거류민단 서기장은 중상을 입고 병
원으로 실려갔다. 시게미쓰 주중 공사는 절름발이가 되어 남은 평
생을 지팡이에 의지해 살았다.

식장 밖에서 초조하게 거사를 기다리던 이화림은 단상이 박살

상하이 점령 축하식

1931년 9월 18일에 일제가 만주사변을 일으켜 만주를 점령하자 이에 반발하여
상하이에서 일본 제품 불매 운동이 벌어지고 중·일 양 국민 간에 충돌이 일어
났다. 그러자 1932년 1월에 일본군은 일본계 방적회사가 불탄 것을 계기로 거주
민 보호라는 명목으로 상하이로 병력을 보내 1월 28일 상하이 외곽 자베이(閘
北)에 주둔한 중국 국민당군 19로군을 공격했다. 이것이 '1차 상하이사변'이었다.
일본군은 시민들의 적극적인 지원을 받은 19로군의 완강한 저항에 고전을 면치
못하다가 해·공군과 증원부대의 도움을 받아 3월 2일에 겨우 중국군을 상하이
에서 밀어낼 수 있었다. 이 승리를 자축하기 위해 4월 29일에 홍커우공원에서
연 행사가 '상하이 점령 축하식'이다.

거사 직후 일본 군인들에게 체포된 윤봉길 의사.

나는 모습에 탄성을 올렸다.

"꽃이 휘날리듯 아름다운 모습이구나!"

회고록에는 "마치 추풍낙엽이 지듯이 일본놈들이 우수수 떨어졌다."고 묘사했다.

이봉창·윤봉길 의사 뒤의 여인

윤봉길과 이화림은 전날 부부로 가장하고 홍커우공원을 미리 답사했다. 원래는 둘이 같이 식장에 들어가기로 했으나, 김구 선생이 이화림이 일본어에 능통하지 않기 때문에 같이 체포될 수 있을 것으로 예상하고 들어가지 말라고 지시했다. 2명 다 희생시킬 수 없다는 판단에서였다.

한인애국단 가입 당시 선서식에서 윤봉길 의사는 "나는 적성(赤誠)으로 조국의 독립과 자유를 회복하기 위하여 한인애국단의 일원

1931년 윤봉길 의사가 한인애국단에 입단할 때 열린 선서식(왼쪽)과 선서문 사본(오른쪽).

이 되어 중국을 침략하는 적의 장교를 도륙하기로 맹세하나이다." 라는 의지를 밝혔다. 그리고는 그 맹세 그대로 적들을 도륙하고 기개를 잃지 않고 형장의 이슬로 사라졌다. 그가 남긴 마지막 말은 "이 철권으로 일본을 즉각 타도하려고 상하이에 왔다."는 짧은 유언이었다.

상하이 임시정부 청사에서 윤봉길의 순국 소식을 들은 이화림은 하염없이 눈물을 흘렸다. 그녀의 뇌리에 웃으며 일본으로 떠난 이봉창 의사의 모습도 겹쳐 떠올랐다. 이봉창이 다리 사이에 찬 특제 '훈도시'는 이화림이 밤을 새워 만든 것이었다. 이봉창은 그 속에 수류탄 2개를 숨긴 채 일본으로 향했다.

윤봉길의 거사 석 달 전인 1932년 1월 8일 일본의 수도 도쿄의 고지마치구 사쿠라다몬. 31살의 조선 청년 이봉창은 일왕 일행이 나타나자 힘차게 수류탄 2개를 잇따라 던졌다. 그러나 거리가 먼

이봉창 의사. 이화림이 만들어준 훈도시에 수류탄 2개를 넣고 일왕을 폭살하러 일본으로 떠났다.

데다 일렬로 지나가는 마차 행렬 중 일왕이 탄 마차를 식별하지 못해 기수와 근위병에게 부상을 입혔을 뿐 표적을 놓쳐버렸다.

일본의 심장 일왕이 테러를 당하자 일본 열도는 충격에 빠졌고 일본의 침략을 받은 중국인들과 언론매체들은 흥분했다. 모든 신문들이 '조선인 리봉창, 일왕을 요격했으나 불행히 명중 못했음'이라는 제목의 기사를 쏟아냈다. 분노한 일본 당국은 군경을 동원해 중국 신문사들을 때려부줬다.

체포된 이봉창은 일본경찰의 심문에 일체 불응한 채 이치가야 형무소에서 순국했다. 소식을 들은 이화림은 눈물을 흘리며 지인들에게 이봉창의 얼굴을 묘사했다.

"그 청년은 적동색 얼굴빛, 짙은 눈썹 아래 정기 넘치는 두 눈, 툭 삐어져 나온 높은 관골, 우뚝한 콧마루, 갸름하면서

1938년 창립한 조선의용대 창립 사진. 산전수전 다 겪은 항일 투사들이 한곳에 모였다.

선이 굵은 생김새는 퍽이나 패기 있고 당차 보였습니다."

투사 이화림, 무장투쟁에 뛰어들다

이봉창과 윤봉길, 두 의사의 의거 뒤에 그림자처럼 따라붙은 여자, 이화림은 어떤 인물인가?

1905년 평양에서 태어난 이화림은 독립군인 오빠들의 영향을 받아 일찌감치 독립운동에 뛰어들었다. 25살에 홀어머니와 작별하고 상하이로 넘어온 그녀는 김구 선생이 이끄는 한인애국단에 가입했다. 여기서 사격과 무술을 배우고, 일본 밀정들을 유인해 살해하는 업무를 수행했다.

그러나 이봉창 · 윤봉길 의사의 거사를 도운 이화림은 테러로는 독립을 이룰 수 없다고 판단하고 조선인 혁명가들이 운집한 광저우로 근거지를 옮겼다. 1932년 가을에는 의열단의 추천을 받고 중

구이린(桂林)의 조선의용대 여성 전사들의 모습.

산대학에 입학해 의학 공부에 매진했다.

중일전쟁이 한창이던 1938년 10월 10일 한커우에서 조선민족전선연맹의 무장부대인 조선의용대가 창설되었다. 규모는 100~300명 정도이지만, 대원들의 지적, 군사적 소양과 항일투쟁 경력으로 볼 때 중국내 한인 무장단체로는 최정예였다.

의학 공부를 마친 이화림은 조선의용대 본부가 있는 구이린(桂林)으로 가서 입대해 부녀대 부대장으로 임명됐다. 부녀대는 일본군 진지 앞까지 접근해서 선전공작을 벌였다. 조선의용대는 일본군과 본격적인 전투를 벌이기 위해 팔로군 129사단이 주둔하고 있는 화베이(華北) 지방의 태항산으로 이동했다. 이화림은 부녀대 부대장 자격으로 조선인 간부들도 양성하고, 틈만 나면 총을 들고 일본군과 격전을 벌였다. 시간이 나면 대원들을 이끌고 돌미나리를 캐서 김치를 담갔다. 이때 우리 민요 '도라지' 가락에 가사를 바꿔 만든 '미나리 타령'을 합창했다.

미나리, 미나리, 돌미나리
태항산 기슭의 돌미나리
한두 뿌리만 뜯어도
대바구니가 철철 넘치누나
에헤야~ 데헤야~ 좋구나
어여라~ 뜯어라 지화자자 캐거라
이것도 우리의 혁명이란다.

　조선의용대가 1943년 연안으로 이동한 직후에 조선의용대장 무정 장군이 이화림을 불렀다.
　"우리 혁명 사업에는 전문 훈련을 받은 의사들이 필요합니다. 항일전쟁이 끝나면 우리 앞에는 더 간고하고 복잡한 혁명 과업이 기다리고 있습니다. 동지는 의학 공부를 중도에 폐하지 말고 잘 배운 다음 우리 부대로 돌아오세요."
　이화림은 총을 내려놓고 의과대에 입학해 공부를 하다 해방이 된 후에는 새 중국의 의료보건사업에 몰두했다. 노년에는 옌볜자치주와 다롄시에서 조선인 대표로 활동하고, 수중의 재산을 틈틈이 아동문학 작가들을 위해 기부했다. 그녀는 1999년 2월 10일 95세의 나이로 작고했다. 임종 전에 유언을 남겨 전 재산 5만 원을 다롄시 조선족학교에 기증했다.

역사 속에 묻힌 여성 투사들
　사형선고를 받은 안중근 의사에게 모친 조마리아 여사가 보낸 편지가 있다.

1950년대 식수 활동 중인 이화림.

"네가 만약 늙은 어미보다 먼저 죽는 것을 불효라 생각한다면 이 어미는 웃음거리가 될 것이다. 너의 죽음은 한 사람의 것이 아니라 조선인 전체의 공분을 짊어지고 있는 것이다. 네가 항소를 한다면 그것은 일제에 목숨을 구걸하는 짓이다. 네가 나라를 위해 이에 이른즉, 딴 맘 먹지 말고 죽어라."

자식이 처형장으로 끌려가는 통한의 아픔을 딛고 자식을 나라에 바친다는 결의가 확고하다.

현대사를 조금 공부했다는 필자도 우리 독립운동사에 조마리아 여사 같은 여성 투사가 많다는 것을 전혀 모르고 살았다. 2013년 말까지 독립유공 포상자는 외국인 46명을 포함해 총 1만 3,403명에 달한다. 이 가운데 여성은 223명에 불과하다. 조마리아 여사처럼 독립운동가를 뒷바라지한 어머니나 아내가 있었고, 더러는 직접 항일 투쟁 대열에 참가하기도 했다. 이분들 가운데 가장 관심을 끈 인물이 여기 소개한 이화림 의사와 남자현 의사였다. 둘 다 연약한 여자의 몸으로 직접 총을 들고 일제에 분연히 맞섰기 때문이다. 『백범일지』의 한 구절을 읽어보자.

새벽에 윤봉길 군과 같이 동포 김해산의 집에 가서 최후로 식탁을 같이하여 아침밥을 먹으면서 윤 군의 기색을 살펴보았다. 태연자약하다. 7시 치는 종소리가 들리자 윤 군은 자기 시계를 꺼내어 나에게 주면서 내 시계와 바꾸기를 청했다.
"선서식 후에 선생님 말씀에 따라 6원 주고 산 것입니다. 선생님 시계는 2원짜리니 제 시계와 바꾸시지요. 저는 앞으로 1시간밖에 소용이 없습니다."
나는 그것을 기념으로 받고 내 시계를 내어 주었다. 윤 군은 자동차를 타면서 소지한 돈을 꺼내 내 손에 쥐어주었다.
"약간의 돈을 갖고 있는 것이 무슨 방해가 되는가?"
"아닙니다. 자동찻삯을 주고도 5, 6원은 남습니다."
"훗날 지하에서 만납시다."

상하이 훙커우공원에 도착한 윤봉길 의사는 기념식장에 들어가 힘차게 단상에 폭탄을 던졌고, 일제의 기념식장은 아수라장이 되었다.
그런데 이처럼 『백범일지』에는 기록돼 있지 않지만 윤봉길 의사의 선서식과 현장 답사, 마지막 조찬, 그리고 윤 의사가 훙커우공

역사 속에 묻힌 항일투사 이화림. 젊음을
민족 해방에 바쳤다.

원 기념식장에 들어갈 때까지 그림자처럼 동행한 여인이 있었으니,
그녀가 바로 이화림이다.

『백범일지』에 이화림 이야기가 빠진 것은 그녀에 대한 김구 선생
의 인간적 서운함이 작용한 것 같다. 백범에게 있어 비서이자 한인
애국단의 핵심이었던 이화림의 존재는 컸다. 이화림은 재정난을 겪
고 있는 임시정부를 위해 나물 장사, 빨래, 수놓기 등을 하면서 활
동 경비를 지원했다. 그러면서 틈틈이 밀정 처단이나 연락 활동
등 주어진 업무를 충실히 수행해 김구 선생의 신임을 한 몸에 받
았다. 그러던 그녀가 테러만으로는 조선의 해방을 이룰 수 없다는
신념에 따라 백범의 만류를 뿌리치고 혁명의 기지 광저우로 떠났으
니 백범의 좌절이 얼마나 컸을까?

더구나 이화림이 백범이 싫어하는 좌익 계열의 항일운동 기지로
갔다는 점도 이화림을 회고록에서 지우게 한 요인으로 작용했던

윤봉길 의사의 폭탄을 맞은 시게미쓰 일본 외상은 패전 후 미주리함에서 열린 항복 조인식에 지팡이를 짚고 나타났다.

것으로 보인다. 그렇게 세월이 지나면서 이화림이란 존재는 대한민국에서, 독립운동사에서 잊혀진 존재가 되었다.

이화림이 세상을 떠났다는 소식을 들은 한국의 이윤옥 시인은 시 한 수를 헌정했다.

화려한 불빛 속 상해의 밤
서러운 이방인 삼삼오오 모여 이룬 숲
서둘러 국권회복의 길 암중모색 중
일본 사쿠라다몬으로 떠나는
이봉창 가슴에 안겨준 폭탄
불발로 품은 뜻 히로히토 화들짝 놀라
그날 밤 이불에 오줌 지렸을 게다.

석 달 뒤 상해 홍구공원
물샐 틈 없는 수비 뚫고
단번에 날린 윤봉길의 도시락 폭탄도
여장부 이화림이 도운 거사였다네.
태항산 거친 산림 속 마다치 않고
조선의용대 끌어안고 부르던 노래
아리랑 피 끓는 함성 속에
절절이 묻어나던 조국해방의 염원

돌미나리 민들레 수양버들 잎사귀로
배 채우며 쟁취한 광복
고국은 그 이름 잊었어도
그 이름 천추에 길이길이 남으리.

- 이윤옥, 「이화림」

10.
세 번, 아름다운
미완의 테러

_ 비운의 의사 백정기를 아십니까?

"조국의 자주독립이 오거든 나의 유골을 동지들의 손으로
가져다가 해방된 조국 땅 어디라도 좋으니 묻어주고 무궁화
꽃 한 송이를 무덤 위에 놓아주기를 바란다."

— 백정기 의사의 유언

여기 눈길을 끄는 한 장의 사진이 있다. 곧게 가르마를 탄 머리
에 영화배우처럼 준수한 외모의 청년이 카메라를 강렬한 눈빛으로
쏘아본다. 자신을 체포한 일본경찰, 그리고 조선 독립운동가들의
얼굴을 찍고 있는 일본 언론사의 사진기자에 대한 격렬한 증오심
이 담겨 있는 대단히 인상적인 사진이다.

사진의 주인공은 구국의 열정으로 일제 침략 세력의 거두들

육삼정 의거 실패 후 체포 당시의 백정기 의사. 이름표에 '백구파'라고 적힌 것은 백 의사가 자신의 호인 구파를 이름으로 진술했기 때문이다.

을 처단하기 위해 세 번씩이나 목숨을 건 의거를 감행했으나 세 번 모두 미완에 그친 통한의 독립운동가, 동지들의 죄를 모두 뒤집어쓰고 한창 나이 38살에 옥중에서 세상을 등진 남자, 백정기 (1896~1934) 의사다.

세 번의 시도, 세 번의 실패

관동대지진, 출입증, 그리고 동지의 배신. 의사의 발목을 잡은 거사 실패의 세 가지 요인이다.

백정기의 첫 번째 거사 시도는 1923년의 일왕 히로히토 암살 시도였다. 그때는 도쿄에 갔다가 생각지도 않게 간토대지진이 발생하는 바람에 급거 돌아올 수밖에 없었다. 이 미완의 거사는 그로부터 9년 뒤인 1932년 1월에 이봉창 의사가 다시 시도하게 된다.

1932년 4월 중순의 어느 날.

상하이 임시정부의 김구 주석이 보낸 김오연이 남화한인청년연맹(남화연맹) 의장 정화암을 찾아왔다. 당시 상하이에는 김구 주석이 이끄는 임시정부를 비롯한 수많은 항일독립운동 단체들이 있었는데, 남화연맹 역시 그중 하나였다. 남화연맹은 1931년 만주사변 발발을 계기로 이회영, 유자명 등 저명한 아나키스트를 중심으로 상하이에서 결성된 새로운 항일운동단체였다.

이 단체의 핵심은 일본인, 대만인, 중국인도 참여한 테러 조직인 '흑색공포단'이었다. 흑색공포단은 톈진에서 일본 기선과 일본 영사관의 폭파를 기도하고, 대표적인 친일파인 국민당의 왕징웨이 외교부장을 저격하는 등 명성을 떨쳤다. 이 흑색공포단의 가장 믿음직한 행동대원이 백정기 의사였다.

김오연은 왜 정화암을 은밀히 찾아왔을까? 큰 틀에서는 항일 독립운동이라는 목표를 공유했지만 활동하는 조직이 다른 동지가 만남을 청한 데에는 이유가 있었다. 며칠 뒤인 1932년 4월 29일에 상하이 훙커우공원(오늘날 루쉰공원)에서 열리는 일본의 상하이 점령 축하식 겸 천장절(일왕의 생일) 기념식 때 남화연맹이 거사를 계획하고 있는지를 탐색하기 위해서였다.

정화암은 자신들은 거사 계획이 없다고 딱 잡아떼고는 오히려 역탐지를 통해 임시정부의 윤봉길이 당일 11시에 폭탄을 던진다는 정보를 입수했다. 이미 정화암은 일본인 종군기자를 통해 기념식에 대한 자세한 정보를 입수하고 거사 실행을 자청한 '흑색공포단의 가장 믿음직한 행동대원' 백정기를 주동자로 지명한 후였다. 백정기는 상하이를 점령했다고 자만에 빠진 일본군 고위 장성들을 저승길 동무로 삼기로 결심한 것이었다. 임시정부는 외국 사절들이 모

윤봉길 의사의 위치에서 본 단상에 선 일본 요인들. 잠시 후 이곳은 아수라장이 된다.

두 퇴장하고 일본 고관들만 남아 있는 11시를 거사 시간으로 잡았지만 남화연맹은 그보다 1시간 빠른 10시로 정했다. 외국 사절에게는 미안한 일이지만, 나라를 빼앗긴 민족으로서는 당연한 저항이라고 판단한 것이다.

1932년 4월 29일. 거사의 날이 밝았다. 아침부터 빗발이 거셌다. 그날 일제가 흘릴 눈물을 하늘이 암시한 것이었을까? 모든 준비를 마친 백정기는 담담하게 거사 장소로 향했다. 하지만 뜻밖의 문제가 생겼다. 출입증을 구해오기로 약속했던 2명의 중국인 아나키스트 왕아초와 화균실이 어찌된 일인지 감감 무소식이었던 것이다. 행사장에는 일본인 거류민이라도 일본 영사관에서 발행하는 출입증이 있어야만 들어갈 수 있었다. 초조하게 기다리고 있다 보니 거사 예정 시간이 지나버렸다. 그때 저쪽에서 일본군 종군기자가 헐

윤봉길 의사가 던진 폭탄으로 죽은 시라카와 대장의 피 묻은 군복을 부관으로 보이는
일본 군인이 살펴보고 있다.

레벌떡 뛰어왔다.

"당신들의 계획은 대성공을 했소. 지금 홍커우공원이 아수라장
이 되었소."

종군기자는 남화연맹에서 그 일을 해낸 줄 알고 취재하려고 뛰
어온 것이었다. 정화암과 백정기는 맥이 쭉 빠졌다. 정화암은 다
받아놓은 밥상을 놓쳤다는 듯이 분통해하는 백정기를 "그래도 우
리 민족이 거행했으니 마찬가지 아니냐?"며 위로했다. 백범 김구는
어떻게 거사에 성공했을까? 정화암은 이렇게 분석했다.

　"백범은 단순한 분입니다. 그래서 윤봉길이 도시락으로 위
　　장한 폭탄과 물통으로 위장한 폭탄을 들고 왜놈 옷에, 왜놈

太極旗下正氣如虹
태극기 아래 바른 기운은 무지개처럼 빛나네
多君三千萬衆
(조선에는) 군자가 많다 해도 3000만인데
春申江上巨彈殲敵
봄날 상하이 황포 강변에서 거대한 폭탄으로 적을 섬멸하니
愧吾四百兆民
우리 4억 중국인을 부끄럽게 하는구나

윤봉길 의사의 모습(왼쪽)과 1930년대 익명의 중국인이 쓴 윤봉길 의사의 항일 칭송 한시(오른쪽).

게다를 신은 채, 왜놈으로 행세해 통과시키면 들어가서 거사하고 통과시키지 않으면 거기서 분풀이하면 되지 않겠는가? 어떤 쪽이든 큰일을 터뜨리면 되는 것 아닌가? 더 따질 일이 무엇이 있나? 그래서 성공한 것입니다."

윤봉길은 생애 단 한 번의 거사 '홍커우공원 폭탄 투척 사건'으로 영생을 얻었지만, 완벽하게 준비를 마친 백정기는 망할 '출입증' 한 장을 구하지 못해 거사에 실패했다. 하지만 모든 일이 계획대로 진행되었다면 윤봉길 의사의 의거 당시 10시에 먼저 백정기 의사의 폭탄이 터져 일본군 수뇌부가 날아가고, 아수라장 속에서 윤봉길 의사의 확인 사살이 진행됐을 것이다.

일본경찰은 폭탄 거사의 배후를 남화연맹으로 지목했다. 상하이에 검거 선풍이 불었다. 그때 백범 김구가 통신사를 통해 당당하게 성명을 발표했다.

　"나 백범 김구는 조선 황해도 안악 땅에서 맨손으로 왜군 쓰지다 대위를 때려 죽여 민 황후의 원수를 갚았으며, 나 김구가 애국단원 이봉창과 윤봉길을 시켜 일왕 저격 사건과 상하이 훙커우 사건을 일으킨 것일 뿐, 다른 조선 기관이나 조선인이 관련된 사실이 없다."

　세 번째 거사 시도는 윤봉길 의사의 의거로부터 약 1년 뒤인 1933년 3월 5일 중국 상하이에서였다. 남화연맹의 유자명 의장이 급하게 동지들을 불러모았다. 백정기, 이강훈, 원심창 등 10명이 모인 자리에서 유자명이 중대한 정보를 알렸다.
　"육삼정에서 일본 정계, 군부의 거물들과 중국 국민당 고관들이 회합을 갖는다는 정보를 입수했소. 이 자리에는 일본 군부의 실세인 육군대장 아라키 사다오와 일본 공사 아리요시 아키도 참석합니다. 백범 김구 선생이 준 폭탄도 있으니 이들을 폭살합시다."
　다들 흥분해서 자신이 하겠다고 나섰다. 할 수 없이 제비뽑기를 통해 백정기와 이강훈이 결행하기로 하고, 원심창이 망을 보고 거사가 끝나면 승용차를 대기로 했다. 백정기 일행은 큰 폭탄 2개, 권총 2자루, 탄환 20발, 수류탄 1개로 만반의 준비를 갖추었다. 훗날 이강훈은 이렇게 회고했다.

　"백 의사와 나는 상하이 교외 공터로 가서 도시락 폭탄과 똑같은 무게의 물체를 가지고 투척 연습을 해보았다. 그 결

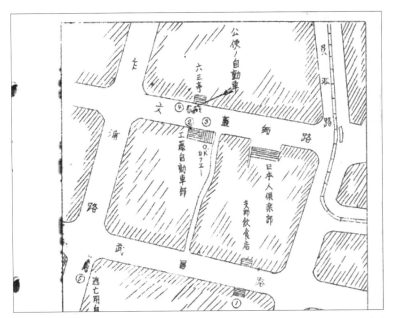

일본 외무성 외교사료관에서 발견한 육삼정 사건의 전모가 상세히 수록된 자료. 사진은 거사 현장을 표시한 약도로 차량의 방향까지 상세히 기록돼 있다.

과 내가 큰 폭탄을 투척하기로 하고, 추격해 오는 적에게는 백 의사가 수류탄을 던지고 권총을 발사하기로 결정했다. 잡히는 경우에 대비해 취조를 받을 때에 할 말도 미리 준비했다."

그러나 이번 거사 역시 불발에 그치고 말았다. 일제가 내부 밀정으로부터 자세한 거사 계획을 입수한 것이다. 백정기와 이강훈, 원심창은 거사 계획 장소인 고급 요정 육삼정에서 불과 200미터 떨어진 송강춘이란 음식점에서 체포되었다. 미리 잠복 중이던 형사대와 일본경찰은 음식점 앞문과 뒷문으로 치고 들어와 순식간에

원심창 의사(왼쪽)와 이강훈 의사.

이들을 결박했다. 백정기 의사의 세 번째이자 생애 마지막 거사 시
도가 불발로 그치는 통한의 순간이었다. 압수한 폭탄에 대해 일제
는 상부에 "윤봉길이 휴대했던 도시락형 폭탄과 완전한 동일형"이
라고 보고했다.

　일본경찰은 놀랄 만큼 상세한 정보를 파악하고 있었다. 육삼정
에서의 일본군과 장제스 정부 요인의 회동을 제보한 일본인 아나
키스트 오키라는 인물이 일본 영사관에 매수되어 기밀을 누설한
것이다. 어쨌든 거사는 실패하고 체포된 백정기와 이강훈, 원심창
은 일본 나가사키로 압송됐다. 검찰은 백정기와 원심창에게는 무
기징역, 이강훈에게는 15년 형을 구형했고 최종 공판에서 재판장은
검사의 구형대로 언도했다.

　백정기는 재판에서 모든 것을 자기가 주도했다고 주장했다. 백정
기는 폐병에 걸린 동지를 간호하다 옮은 폐병이 이미 중증이었다.

자신이 오래 살지 못할 것을 내다보고 죄를 자신이 뒤집어쓰면 건강한 동지들은 가벼운 형을 받고 출옥해 독립운동을 계속하라는 뜻이었다. 상고도 포기한 백정기는 복역 중 1년도 채 안 된 1934년 6월 5일 38세의 나이로 옥사했다. 세상을 떠나기 전에 백정기 의사는 동지들에게 유언을 남겼다.

"나는 몇 달을 더 못 살겠다. 그러나 동지들은 서러워 말라. 내가 죽어도 사상은 죽지 않을 것이며, 열매를 맺는 날이 올 것이다. 형들은 자중자애하여 출옥한 후 조국의 자주독립과 겨레의 영예를 위해서 지금 가진 그 의지, 그 심경으로 매진하기를 바란다. 평생 죄송스러운 것은 노모에 대한 불효가 막심하다는 것이다. 조국의 자주독립이 오거든 나의 유골을 동지들의 손으로 가져다가 해방된 조국 땅 어디라도 좋으니 묻어주고 무궁화꽃 한 송이를 무덤 위에 놓아주기를 바란다."

폐병에 걸린 동지를 간호하다 폐병에 걸리다

정화암 선생의 회고록에는 백정기 의사의 인간성에 대한 다음과 같은 일화가 나온다.

"백정기는 술을 무척 좋아했고, 식욕이 왕성했기 때문에 툭하면 배고프다는 타령이었다. 그러면서도 언제나 활기찼다. 한번은 천장만 쳐다보고 누워 있던 그가 벌떡 일어나더니 '고기를 한번 실컷 먹어봐야지' 하며 나갔다. 그런데 그가 만

두와 고기, 술을 한아름 들고 들어왔다. 그러고는 익살스럽게 설명했다. 조용한 골목의 푸줏간에 들어가 고기가 실컷 먹고 싶어서 왔으니 외상을 달라고 솔직히 말했더니 푸줏간 주인이 그의 호탕하고도 담백한 성격에 감동해 고기를 떼어주고 돈까지 줘서 술과 만두를 사왔다는 것이다. 그의 대담성도 그러러니와 푸줏간 주인의 대륙적 기질이 감탄스러웠다."

백정기가 폐병에 걸린 이유도 감동적이다.

"의열단에 있던 김 모가 베이징에서 폐병에 걸려 상하이로 돌아왔다. 당시 의열단의 형편은 말이 아닌데다 또 그가 폐병 환자라 받아들이지 않았다. 이것을 안 백정기는 김 모를 우리들이 있는 곳으로 데려와 숙식을 같이 하고 간호도 해주었다. 그래도 병이 악화되자 노잣돈을 마련해 귀국시켰다. 이때 백정기에게 폐병이 전염되었다. 자기가 폐병에 걸린 사실을 안 그는 모든 일에 처신을 달리했다. 식사 때나 대화에서도 신중을 기해 주위 사람들에게 일말의 피해를 주지 않으려고 노력을 다했다……. 한 번은 김두봉의 집에 갔다가 어린 아이들이 병에 걸려 먹지도 못하고 누워서 죽어가는 꼴을 보고는 속옷과 겉옷을 몽땅 벗고 두루마기만 걸친 채 시장에 있는 전당포를 돌아다니다가 겨우 돈 몇 푼을 얻어 빵과 약을 사들고 김두봉의 집으로 달려간 일도 있었다."

아나키스트들이 상하이에서 자금을 마련하기 위해 아이스크림 가

3의사의 영정과 유해를 담은 상자 앞에 앉아 있는 백범 김구. 윤봉길 의사의 고향 예산에서 "내가 윤 의사를 죽였다."고 통곡했던 백범은 이날 담담하게 추도사를 읽었다.

게를 할 때 큰 통에 얼음과 다른 재료들을 넣고 밤새도록 휘저어야 했는데, 이 일도 백정기와 신형상이 도맡았다. 이때 이들이 "불평 한마디 없이 밤을 새워가며 일했다."고 정화암은 회고했다.

조국의 독립을 위해서라면 거칠 것이 없어라

해방이 되자 귀국한 백범 김구 주석이 맨 먼저 한 일은 나라 위해 목숨 바친 독립운동가의 유골을 찾아 국내로 봉환하는 일이었다. 우선 유해발굴단을 꾸려 일본에 파견해 갓 출감한 박열 의사와 이강훈 의사 등과 함께 윤봉길, 이봉창, 백정기 세 의사의 유해를 수소문했다. 발굴단은 각기 다른 세 곳의 공동묘지에서 의사 3명의 유해를 발굴해 국내로 봉환했다. 유해가 부산에 도착한다는 소식을 들은 백범은 서둘러 부산에 내려가 추도식을 거행했다.

효창원에 있는 '3의사 묘역'.

서울에 올라와 유해 안장 장소를 물색하던 백범은 유서 깊은 효
창원에 묘터를 정한 후 유골을 안장했다. 그리고는 묘단에 '유방백
세(流芳百世 : 향기로운 이름이여 영원하라)'라는 네 글자를 손수 써서
헌사했다. 유해를 찾지 못한 안중근 의사의 가묘는 '3의사 묘역' 내
제일 윗자리인 왼쪽 끝에 자리 잡았다.

지금도 효창공원에 가면 언제든 만날 수 있는 백정기 의사. 거
사는 3번 모두 실패했지만 조국의 독립을 위해서라면 거칠 것이
없었던 그 '싸나이'다운 의기가 정말 멋지다.

II.
아,
어머니!

_ '임시정부의 호랑이'라 불린 김구의 어머니 곽낙원 여사

1939년 4월 24일 중국의 충칭.

김구 선생의 어머니 곽낙원 여사는 자신이 갈 날이 머지않았다는 것을 알았다. 아들을 불러 일렀다.

"창수(김구 선생의 본명)야, 네가 열심히 노력해서 하루라도 빨리 나라의 독립을 실현해다오. 에미는 그날을 볼 수 없겠지만 네가 성공해서 돌아가는 날 나와 아이들 에미의 유골을 갖고 돌아가 고국 땅에 묻어다오."

이어 두 손자 김인과 김신을 가리키며 말을 이었다.

"창수야, 난 내 병을 알고 있어. 또 너희들이 힘들다는 것도 알고 있어. 내가 죽은 뒤에도 꼭 인이와 신이에게 국가를 위해 독립운동을 하도록 해야 한다."

1934년 중국 난징에 모인 김구 선생의 가족들. 앉아 있는 분이 어머니 곽낙원. 뒷줄 왼쪽부터 큰아들 김인, 백범 김구, 둘째 아들 김신이다.

　유언을 남긴 곽 여사는 아들과 함께한 파란만장한 50년 세월을 떠올렸다. 나라를 잃고 그다음 해인 1911년 아들이 독립운동을 하다 105인 사건으로 17년형을 받고 서대문형무소에서 복역할 때 면회를 와서 태연하게 했던 말이 생각났다. 곽 여사는 황해도 안악의 가산을 팔아 천리 먼 길 경성으로 와 밥을 넣어주고 있었다.

　"나는 네가 경기감사 하는 것보다 더 기쁘게 생각한다. 나랑 네 아내와 딸, 세 사람은 아주 잘 지내고 있으니 괘념치 말아라. 감옥에서 몸 잘 간수하거라. 만일 밥이 모자라면 우리가 매일 두 차례씩 올 수 있단다."

　그러나 감옥 문을 나설 때는 얼굴이 눈물범벅이었다.

인천대공원 김구광장에 서 있는 곽낙원 여사 동상. 자애로운 얼굴이지만 밥그릇을 들고 비루한 행색을 하고 있다.

김구 선생이 감형되어 5년 만에 출옥했을 때의 일이다. 친구들이 위로잔치를 베풀고 기생을 불러 가무를 시켰는데, 도중에 어머니에게 불려 나왔다. 곽 여사는 일갈했다.

"내가 여러 해 동안 고생을 한 것이 오늘 네가 기생을 데리고 술 먹는 것을 보려고 한 것이냐?"

알고 보니 며느리가 시어머니에게 알린 것이었다. 곽 여사는 언제나 고생하는 며느리를 감쌌다. 백범 김구는 "나는 집안일에 한 번도 내 마음대로 해본 일이 없었다. 내외 싸움에도 한 번도 이겨본 적이 없었다."고 회고했다.

아들을 따라 상하이에 갔다가 둘째 손자 신을 데리고 고향인 황해도 안악에 돌아왔을 때의 일이다. 곽 여사는 독실한 기독교인이었다. 손자를 데리고 열심히 교회에 다녔다. 어느 날 손자가 물었다.

석오 이동녕 선생은 상하이로 건너가 임시의정원의 초대 의장을 맡아 대한민국 임시정부 수립의 산파역을 수행한 임정의 어른이었다. 그래도 곽 여사에게는 꼼짝 못했다. 왼쪽부터 김구, 박찬익, 이동녕, 엄항섭 선생.

"할머니는 어떤 기도를 하세요?"

"일본놈들이 빨리 망해서 우리나라가 독립할 수 있도록 도와달라고 기도한단다."

'임시정부의 호랑이', 나태한 독립운동가들을 꾸짖다

임시정부는 늘 가난했다. 곽낙원 여사가 상하이 융칭팡(永慶方)에 살 때 마을 뒤에 쓰레기장이 있었다. 곽 여사는 낮에는 차마 가지 못하고 밤에 나가 쓰레기장을 뒤졌다. 쓰레기 중에 중국 사람들이 채소를 다듬다가 버린 찌꺼기가 있었다. 그녀는 그 찌꺼기를 모아다가 소금에 절여 음식을 만들었다. 살아남기 위해서, 아니 살아남아 일본에 맞서 싸우기 위해서는 어쩔 수 없었다.

난징에 머물 때의 일이다. 임시정부 요인들과 청년들이 어떻게 알았는지 곽 여사의 생일상을 차려드리려고 돈을 모으고 있었다. 이 사실을 안 곽 여사는 돈을 갖고 있는 엄항섭 선생을 불러 그

돈을 주면 자신이 먹고 싶은 것을 만들어 먹겠다고 말했다. 생일날, 곽 여사는 축하연을 연다고 임시정부 국무위원들과 청년들을 자신의 셋방으로 초대해서 식탁 위에 보자기로 싼 물건을 올려놓았다. 청년들이 입맛을 다시며 보자기를 펼쳐보니 엉뚱하게 권총 2자루가 들어 있었다.

곽 여사가 호통을 쳤다.

"독립운동을 한다는 사람들이 생일이 무슨 놈의 생일인가? 그런데 쓸 돈이 있으면 나라 찾는 일에 쓰도록 하게. 이 총으로 왜놈들을 한 놈이라도 더 죽여야만 내 속이 편안하겠네."

어느 날 나석주 의사가 상하이에서 백범 김구 선생과 함께 지내면서 백범의 생일임을 알고 자신의 옷을 저당 잡혀 고기와 반찬거리를 사서 곽 여사에게 갖다 드렸다. 나 의사가 동양척식회사에 폭탄을 던지고 자결하기 직전의 일이다. 곽 여사는 손님들이 돌아가자 회초리를 들고 들어와 아들의 종아리를 걷어 올리게 했다. 그리고는 50살이 넘은 아들의 종아리를 사정없이 후려쳤다.

"독립운동을 한다는 사람이 자기의 생일 같은 사소한 일을 동지들에게 알려서 옷을 저당 잡혀 생일상을 차려 먹다니……."

그때서야 어머니의 뜻을 안 백범은 무릎을 꿇고 앉아서 잘못을 빌었다.

임시정부는 궁핍한 살림을 이어오다 윤봉길 의사의 의거가 일어나자 하와이 교민을 비롯한 각계에서 군자금과 기부금이 들어와 한시름을 놓았다. 재정이 넉넉해졌다는 소식을 들은 어느 젊은 임시정부 인사가 이런 말을 했다.

"돼지고기라도 좀 사서 구워 먹었으면……."

둘째 아들 김신(오른쪽)이 아버지 김구와 조카 김효자와 함께 경교장에서 찍은 사진.

　그 소리를 들은 곽 여사가 호통을 쳤다.

　"동지의 핏값으로 고기를 구워 먹자고? 너는 독립군 자격이 없는 놈이다. 어서 종아리 걷어라!"

　그날 그 젊은 인사는 곽 여사한테 종아리에서 피가 나도록 매를 맞아야 했다.

　충칭 시절, 김구 선생이 한인 불만 세력으로부터 저격을 당해 한 달 동안 입원 가료를 한 적이 있었다. 기적적으로 살아난 김구 선생이 어느 정도 움직일 수 있게 되자 어머니가 찾아왔다. 곽 여사는 아들을 보자마자 심하게 나무랐다.

　"왜놈 총에 맞아 죽어야지, 자기 동포의 총에 맞는다는 게 말이 되는가? 무슨 일을 어떻게 잘못했기에 동포의 총에 맞았단 말인가?"

곽낙원 여사는 학교도 다니지 못했고 글도 읽을 줄 몰랐지만 배운 사람들보다 말을 더 조리 있게 잘했다. 임시정부의 원로였던 이동녕 선생, 이시영 선생 등도 곽 여사 앞에서는 꼼짝 못했다. 곽 여사는 원로들에게도 전혀 기죽지 않고 할 말을 다했다.

"영감들, 그만 입 다물고 다들 나가시오. 젊은 사람들이 알아서 일할 수 있도록 놔두란 말이오. 영감들이 뭣 때문에 이러쿵저러쿵 자꾸 간섭하는 거요?"

곽 여사는 원로들이 젊은 사람들이 하는 일에 끼어들 때면 이렇게 나무랐다. 원로들은 미소만 지을 뿐 화를 내지 않고 머리를 긁적이며 나가곤 했다.

중국의 공산화 앞두고 서둘러 모셔 온 유해

유언을 남긴 이틀 후인 1939년 4월 26일, 곽낙원 여사는 아들 김구와 둘째 손자 김신이 지켜보는 가운데 조용히 숨을 거뒀다. 김구 선생은 울음을 터뜨렸다.

"이 불효자 때문에 어머니가 평생 고생만 하시다 여기서 이렇게 돌아가시고 말았군요."

그는 두 손으로 땅을 마구 치며 통곡했다. 곽 여사는 허상산에 묻혔다. 곽 여사의 유언은 10년이 지나서야 겨우 지킬 수 있었다. 1948년 평양에 다녀온 김구 선생은 둘째 아들 김신에게 심각한 표정으로 일렀다.

"중국 돌아가는 꼴을 보니 안 되겠다. 묻힌 곳을 네가 제일 잘 아니까 빨리 가서 유해를 모셔와라."

당시 중국은 국민당과 공산당의 내전이 불붙어 극심한 혼란 상

1948년 9월 22일 어머니 곽낙원 여사의 묘비 제막식에서 고축하는 백범 선생.

태였다. 중국이 공산당 손에 넘어가는 것은 시간문제였다. 김신은 할머니와 어머니, 형님의 유골과 이동녕 선생, 차이석 선생의 유해를 수습해왔다. 현재 곽 여사의 유해는 국립 대전현충원 애국지사 묘역에 큰손자 김인의 유해와 나란히 안장돼 있다.

언론인 손세일은 곽낙원 여사의 일생을 이렇게 평가했다.

"사회에 공헌하고 세상에 빛을 남긴 여성들은 3가지 상으로 나눠볼 수 있다. 첫째, 논개 같이 애국을 하거나 황진이 같이 문학을 남긴 여성이 있다. 둘째, 지어미가 되기 이전부터 인격을 겸비해 더욱 훌륭한 어머니가 될 수 있었던 한석봉 어머니나 신사임당 같은 여성이 있다. 셋째, 고리키의 소설『어머니』에서처럼 처음에는 무지몽매한 아낙에 불과했으나 사회정의를 위해 투쟁하는 아들로 인해 점차 의식화되어가는 여인상이 있다. 김구 선생의 어머니 곽낙원 여사를 세 번째로 보는 것은 그녀가 여성으로보다는 철저히 의식화된 어머니로 한평생을 살아갔기 때문이다."

1921년 상하이에서 찍은 김구 선생의 가족사진. 파란만장한 73년 인생에서 가장 단란했던 시절이었다. 부인 최준례 여사와 큰아들 인. 사진을 찍고 나서 3년 후 아내가 죽자 김구는 서거할 때까지 홀로 살았다.

    처음에는 아들로 인해 의식화되기 시작했지만 곧 아들을 다스릴 수 있는 덕과 도량을 겸비한 곽낙원 여사. 그 어느 성현의 어머니보다 위대한 것은 아들에게 결코 부끄럽지 않은 삶을 살았기 때문이다.

II.

독립과 이데올로기
투쟁 사이

해방에서 한국전쟁까지

사형집행 0순위
특위 파괴로 풀려나다

_ 친일경찰의 대명사 노덕술의 악랄한 행적

역사에 '만약'은 없다지만, 만약 반민특위가 그토록 참담하게 해체당하지 않고 정상적으로 운영됐다면 서두를 장식했을 인물은 누구일까? 사형집행 0순위에 올리기에 충분한 악명높은 친일파 경찰이 여기 있다.

그의 이름은 노덕술.

일제 강점기에 고등계 형사로 일하면서 독립운동가들에게 혹독한 고문을 가했던 노덕술은 실제로 반민특위에 체포되기까지 했으나 안타깝게도 특위가 해체되면서 풀려나고 말았다.

울산 장생포 출신인 노덕술은 21살에 순사교습소를 졸업한 뒤 경남 보안과 순사로 일본경찰에 들어갔다. 그는 경남 지역의 여러 경찰서와 서울 종로·인천·개성경찰서와 평남 경찰부, 경기도경을 거

일제의 고등계 형사 노덕술. 독립운동가를 잔혹하게 고문한 것으로 악명이 자자했다.

치면서 사상범, 즉 항일투쟁을 벌였던 인물들을 주로 다뤘다. 말하자면 독립운동가를 때려잡은 일제의 앞잡이인 셈이다.

그는 자신의 원래 업무 외의 사건에도 개입해 혁혁한 성과를 올렸다는데, 주로 물고문이나 구타 등 잔혹한 고문을 일삼았다. 이 때문에 수많은 독립운동가들이 고문을 받다가 죽거나 출감 후 후유증으로 사망했다. 해방 후 노덕술은 반드시 처벌해야 할 친일파 1호로 지목돼 1949년 1월 24일 반민특위에 체포됐다.

건국 초기 정국의 뜨거운 감자, 노덕술 처단

노덕술이 체포되자 전 국민이 환호했다. 여전히 활개를 치고 돌아다니는 친일경찰은 국민들의 공공의 적 1호였기 때문이다. 오죽하면 대구폭동을 비롯해 전국 곳곳에서 벌어졌던 민중 봉기의 요구사항에 꼭 빠지지 않았던 것이 '친일경찰 처단'이었을까? 국민들은 친일경찰의 원조인 노덕술 체포를 시작으로 모든 친일경찰에 대한 단죄가 시작될 것으로 기대했다.

그러나 가만히 있을 이승만 대통령과 친일경찰들이 아니었다. 노덕술이 체포되자 나흘 후에 이승만은 '정부가 보증'을 서서라도 노덕술을 석방하라고 지시했다. 이어 2월 11일에는 노덕술을 체포한 반민특위 관계자를 법에 따라 처리하라고 시달했다. 반민특위 특별조사위원이었던 김태호의 회고를 들어보자.

어느 날 이승만 대통령 관저에 초청을 받아갔더니 반민자 처단에 관한 얘기 끝에 뜻밖에 "노덕술이를 내놔주시오."라고 말씀하셨다. 그는 경찰의 기술자이니 그가 없으면 치안에 지장이 있다는 설명이었다. 그래서 우리 특별조사위원 간부들이 "그건 안 될 말씀이십니다."라고 대답했더니 그 어른께서는 굳이 놓아주라고 강권을 했다. 그러자 한 간부가 "그러면 각하, 노를 놔달라는 청원이라도 국회에 내보내십시오. 그럼 국회의 결의에 따라 그렇게 될 수도 있는 문제가 아니겠습니까?"라고 대답했어요. 그랬더니 대통령이 노발대발 하시며, "그래? 그럼 난 나대로 하겠습니다." 이렇게 말씀하십디다.

이에 앞서 노덕술의 후견인인 장택상 전 수도경찰청장과 김태선 시경국장은 이승만을 찾아가 '뛰어난 고문기술자'인데다 좌익 세력 색출에 남다른 기술을 갖춘 노덕술이 절대로 필요하다고 강변했다. 이 세 사람이 위기의식을 느끼는 것은 미 군정 때 물러난 일본 경찰 수뇌부 자리에 친일경찰을 밀어 넣어 이제는 친일파가 경찰을 장악했기 때문이다. 국군도 아직 창군 초창기여서 이승만 정권이 기댈 물리력은 경찰이 유일했다. 오른쪽 도표를 보면 경찰 내부의 구성을 알 수 있다.

반민특위에 체포된 노덕술은 일제 때의 고문 행적을 부인하다가 결국 모든 죄를 자백했다. 1949년 2월 19일자 「서울신문」 기사를 읽어보자.

반민특위 위원장은 노의 자백 내용을 다음과 같이 발표했다.

"노덕술은 울산의 장생포 출신으로 14세부터 어부업을 하는 일본인 밑에 있다가 순사로 등장한 이래 30년 후 드디어 경시(오늘날 총경)까지 지냈다. 그가 10여 년 전 동래경찰서 고등계 주임으로 있을 때 독립운동단체인 혁조회 사건을 취조하였는데, 이 단체의 부회장 유진홍 씨는 고문 끝에 피를 토하며 '노(盧) 놈, 노 놈'이라고 부르짖으며 절명했다. 회장 김춘식 씨는 노덕술로부터 받은 고문에 못 이겨 감옥에서 옥사했다. 또 당시 신간회 동래지회 책임자 박일향 씨도 노덕술에게 체포되어 혹독한 고문을 네 번이나 받고 감옥에서 8개월을 살았다. 노덕술이 동래경찰서 고등계 주임으로 있을 때 부하 형사로 있던 최원복, 김기 양인이 증거를 제시하자 노덕술이 피할 길이 없자 자기 죄상을 자백하기에 이르렀다……"

지위	총계(명)	친일 경력을 가진 자(명)	비율(%)
총감	1	1	100
관구장	8	5	63
도경국장	10	8	80
총경	30	25	83
경감	139	104	75
경사	969	806	83

친일 경력을 가진 경찰의 수(1946년 11월 현재). 군정 한미관계자회의에서 메그린 대령이 브리핑한 내용(xxiv Corps Historical File)이다.

결국 경찰은 이승만의 비호 아래 1949년 6월 6일 반민특위를 때려부수고 수사관들을 체포해 무력화시켰다. 반민특위가 해체되자 노덕술은 감옥에서 풀려나 이번에는 헌병대로 들어간다. 당연히 여기서도 추악한 정치 테러의 한 주역으로 유감없이 '실력'을 발휘한다.

노덕술의 반민족적, 반인륜적인 3가지 행각

일제가 막바지 발악을 하던 1941년 1월 7일.

이재유가 체포된 뒤 지하에서 조선공산당 재건운동을 벌이던 이관술이 저명한 국문학자인 김태준과 함께 체포되었다. 그의 회고록을 보면, 하필이면 그를 취조하는 인물이 같은 울산 출신인 노덕술이었다. 노덕술은 수배 6년 만에 검거한 이관술을 무지막지하게 고문했다. 민족주의자든, 사회주의자든, 일제 시대 경찰의 고문을 당해본 이들의 공통된 증언은 "일본인 형사보다 조선인 형사가

일제 시대 마지막까지 저항한 이관술. 노덕술에게 고문을 당한 뒤 한국전쟁 초기 대전 형무소에서 처형되었다.

더 지독하고 악랄했다."는 것이다. 노덕술은 고춧물 먹이기는 물론, 전화기 고문으로 알려진 전기고문, 일명 비행기타기로 알려진 엄지 손가락을 묶어 매달기 같은 전통적인 고문과 함께 상해치상에 가까운 무지막지한 구타를 가했다.

해방이 되자 이관술은 이번에는 '조선공산당 정판사 사건'에 휘말려 또다시 노덕술이 지휘하는 친일경찰들에게 가혹한 고문을 당한다.

1948년 1월 24일 미 군정의 장택상 수도경찰청장 저격 사건이 발생했다. 이 사건의 범인으로 박정근이라는 25살 청년이 검거됐는데, 노덕술의 지휘 아래 그를 고문하다가 29일 새벽 그를 죽게 만들었다. 노덕술은 곤봉으로 박성근의 머리를 무수히 난타했으며, 부하 김재곤과 박사일 등은 실신해버린 박성근을 3시간에 걸쳐 물고문을 했다고 한다. 이 청년이 죽자 노덕술은 당황했다.

궁리 끝에 2층에 있던 취조실 창문을 열어젖히고 "저놈 잡아라!" 하고 외치며 뛰어나가 박성근이 감시 소홀로 도주한 것처럼 꾸몄다. 그리고는 시체를 한강으로 가져가 얼음 구멍에 처넣었다.

이 사건도 뒤늦게 폭로되었지만 흐지부지 끝나버렸고, 장택상은 노덕술 이하 사건 담당 형사 14명에게 특별상여금을 줬다고 한다.

반민특위 체포대가 노덕술의 애첩인 관훈동의 기생 김화옥을 통해 동화백화점 사장 이두철의 집에 숨어 있는 노덕술을 체포했다. 체포 당시 노덕술은 4명의 호위경관들을 거느리고 6정의 권총과 34만 원의 거액을 소지하고 있었다. 그러나 체포당하기 전에 노덕술은 다른 친일경찰들과 음모를 꾸미고 있었다. 이 사건은 백민태라는 테러리스트가 서울지검에 자수하면서 세상에 알려졌다.

백민태는 반민특위 간부 등 15명을 38선까지 유인해 살해한 뒤 이들이 월북하려고 해 사살하려 했다는 음모를 고백하고, 친일경찰로부터 받은 권총과 수류탄, 암살 대상자 명단을 제출했다. 박민태는 항일운동에서 잔뼈가 굵은 민족주의자 성향이 강한 테러리스트였기에 양심의 가책을 견디지 못하고 자수한 것으로 알려졌다. 이 사건 역시 증거불충분으로 무죄 판결이 나오는 등 흐지부지 끝나고 말았다.

쓸쓸한 말년, 그가 전수한 고문수사가 6월 항쟁을 낳다

군인으로 변신한 노덕술은 헌병 중령으로 서울 15범죄수사대장을 지내다 '이승만의 양자'라는 김창룡 육군 특무대장과 권력투쟁을 벌이다 구속되기도 했다. 그가 고향 울산 장생포를 찾은 것은 1960년 5대 총선을 앞두고였다. 61살의 나이로 울산 중구에 출마한 노덕술은 2,000여 표를 얻어 꼴찌를 차지했다. 자신이 좌익을 분쇄한 반공주의자라고 떠벌리고 다녔지만 그의 추악한 과거를 아는 고향 사람들은 모두 그를 외면했다. 이후 '서울에서 아름다운 기생과 살고 있다더라', '서울대병원서 죽었다더라' 하는 소문만 돌 뿐 그의 최후를 아는 사람은 없다.

노덕술은 갔어도 그가 후배들에게 전수한 일제 스타일의 '고문수사'는 여전히 횡행했다. 그러다 1987년 노덕술의 직계 후배들인 치안본부 5차장 박처언 등 5명이 서울대생 박종철 군을 고문치사하면서 6월 항쟁의 불씨가 타올랐다. 앞날이 창창한 꽃다운 젊은이의 참혹한 죽음 앞에 할 말을 잃은 시민들의 분노는 강렬했다. '고문 없는 세상에 살고 싶다'는 시민의 열망은 민주화의 불꽃으로 타올랐다. 그리고 민주화가 진전되면서 또 다른 고문기술자 이근안이 구속되자 친일경찰이 남긴 씨앗이 얼마나 뿌리를 깊게 내렸는지를 전 국민이 실감하게 되었다.

2.
조선의 마지막 선비,
일제와 이승만에 맞서 싸우다

_ 반일·반독재 투쟁으로 한평생을 보낸 심산 김창숙

아주 특별한 손님, 김창숙의 병실을 방문하다

여기에 아주 특이한 한 장의 자료 사진이 남아 있다.

1962년 5월 초 서울의 중앙의료원. 1년 전 5.16쿠데타로 집권한 박정희 국가재건최고회의 의장이 사경을 헤매는 독립투사 심산 김창숙(1879~1962) 선생을 병문안했다. 두 달 전 3.1절에는 군사정권이 심산에게 건국공로훈장 중장을 수여했다. 해방 후 생존 독립운동가가 받은 유일한 건국훈장이었다. 온통 일본군과 만주군 출신으로 구성된 쿠데타 세력이 평생을 항일 투쟁으로 일관한 김창숙에게 건국훈장을 준 것은 웃지 못할 한 편의 희극이다. 이때 김창숙이 심신이 건강한 상태였다면 당연히 수상을 거부했을 것이다.

그것도 모자라 일왕에게 충성 맹세를 한 뒤 일본의 괴뢰국가인

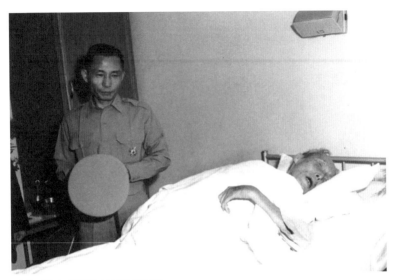

심산 김창숙 선생을 찾아온 박정희.

만주국 사관학교와 일본 육사를 나와 독립군과 8로군에게 총질을
했던 박정희가 문병까지 온 것이다. 5.16쿠데타 이후 친일 전력과
사상 논쟁에 시달리던 박정희가 임종을 앞둔 독립운동의 거두 김
창숙 선생을 문병 온 이유는 무엇일까? 이유를 알 만하다. 이 한
장의 사진을 언론에 올려 친일 전력을 세탁하고 싶었기 때문 아닐
까? 일왕에게 충성을 맹세하는 혈서를 보내 만주군관학교에 입학
하고 괴뢰 만주군의 장교로 일했던 전력이 계속 박정희의 발목을
잡았기 때문이다.

　당시 김창숙이 의식이 혼미한 상태여서 찾아온 사람을 잘 알아
보지 못했던 것이 박정희에게는 천만다행이었다. 의식불명 상태였기
에 망정이지, 선생의 정신이 멀쩡했다면 당장 베개가 날아가고 욕
설을 퍼부으면서 병실에서 박정희를 쫓아냈을 것이다.

심산 김창숙 선생의 빈소를 방문해 분향하고 있는 박정희.

　박정희가 병실을 다녀가고 며칠 후인 5월 10일, 김창숙 선생은
파란만장한 생애를 접었다. 향년 84세였다. 기다렸다는 듯이 박정
희 의장이 조문을 왔다. 북한의 김일성과 달리 일제 치하에서 거
친 부끄러운 경력을 씻으려는 듯이 박정희는 열심히 김창숙을 챙
겼다. 김창숙은 의식이 남아 있던 마지막 순간까지 "통일이 안 돼
서……", "유림들이 잘해 나가야……"라는 두 가지 유언을 남겼다.
　심산 김창숙. 그는 도대체 어떤 인생을 살았기에 군사정권의 실
권자가 저렇게 뒤를 좇을까?

일본경찰, 가혹한 고문 끝에 김창숙을 앉은뱅이로 만들다
　양반지주 출신의 유학자인 심산 김창숙은 명문가의 안락한 삶
을 스스로 버리고 항일투사로 나서 일평생을 기구하게 살다 간 '지

조파 선비'다. 경상북도를 대표하는 유학자인 심산 김창숙의 마음을 크게 흔든 것은 역시 3.1운동이었다. 그는 1919년 3월 1일 민족대표 33인이 발표한 〈독립선언서〉를 읽고 한탄했다.

"우리나라는 유교의 나라였다. 지금 광복운동을 3개의 종교(천도교, 기독교, 불교)의 대표가 주동을 하고 소위 유교는 한 사람도 참여하지 않았으니 세상에서 유교를 꾸짖어 '오활한 선비, 썩은 선비와는 더불어 일할 수 없다'고 할 것이다."

김창숙은 전국의 유림 130여 명을 규합해 파리강화회의에 조선의 독립을 호소하는 편지를 보내 '제1차 유림단 사건'을 주도한다. 이 사건으로 수십 명의 유림이 일본경찰에 체포되었다. 김창숙 덕분에 조선의 유림이 역사 앞에 겨우 체면치레를 한 것이다.

그는 1921년 2월 베이징으로 활동 무대를 옮겨 이회영, 신채호 등 아나키스트와 연대하여 독립운동을 벌여 나간다. 일단 방향을 정하자 김창숙의 행동은 거침이 없었다. 아나키스트들과 함께 국내 친일파들의 자금이 모인다는 베이징 마오얼후퉁(帽兒胡同) 고명복의 집을 털기도 했다. 이어 일제의 밀정 김달하를 처단했다.

1925년 8월에는 독립운동 자금을 모으기 위해 국내로 잠입했다. 이때 진주의 한 부호가 일본경찰에 자수하라고 회유하자, 김창숙은 "친일부자의 머리를 독립문에 걸지 않으면 우리 조선이 독립할 날이 없을 것이다."라는 말로 뜻을 대신했다.

자금을 일부 확보한 김창숙은 상하이로 돌아와 이 자금과 폭탄, 권총을 나석주 의사에게 주고, 나석주는 동양척식회사와 식산은행

자신의 84년 평생과 자식들까지 조국
에 바친 '최후의 선비' 심산 김창숙.

에 폭탄을 던진다. 이 사건의 여파로 김창숙에게 독립운동 자금을
준 수백 명의 유림들이 검거되는 '제2차 유림단 사건'이 발생한다.

1927년 6월 10일, 김창숙은 상하이의 영국 조계에 있는 병원에
서 일본형사 6명에게 체포되었다. 그는 일본 나가사키와 시모노세
키, 부산을 거쳐 대구경찰서로 압송되었다. 일본경찰이 추궁하려는
것은 조선에 잠입해 600여 명의 유림들로부터 독립운동 자금을 모
금한 일과 나석주 의사의 폭탄 투척의 배후를 캐는 일이었다. 이
들은 각종 형구를 벌려놓고 가혹한 고문을 가했다. 말로 다하기
어려운 고문에 시달린 결과, 점차 두 다리가 마비돼 하반신 불구
가 되었다. 앉은뱅이가 된 것이다. 대구형무소로 넘어간 뒤 재판을
앞두고 변호사 김용무와 손치은이 찾아와 변론을 하겠다고 나섰
다. 김창숙은 단호히 변론을 거부했다.

"나는 대한 사람으로 일본 변론을 부인하는 사람이다. 일본 법률을 부인하면서 만약 일본 법률론자에게 변호를 위탁한다면 얼마나 대의에 모순되는 일인가? 나는 포로다. 포로로서 구차하게 살려고 하는 것은 치욕이다. 정말 내 지조를 바꾸어 남에게 변호를 위탁해 살기를 구하고 싶지 않다."

재판은 1928년 10월 19일 대구지방법원 제2호 형사법정에서 변호인도 없이 개정되었다. 재판장이 물었다.

"본적은?"

"없다."

"없다니?"

"나라가 없는데 본적이 있겠는가?"

재판장이 힐문했다.

"그대의 꺾일 줄 모르는 투지가 장하기는 하나 조선이 무슨 힘으로 독립을 하겠다는 것인가?"

심산이 답했다.

"내가 보기에는 일본인의 안목이 지나치게 근시안적인 것 같소. 그렇게 천하대세를 모르고 망동하는 것을 보면 멀지 않은 장래에 일본은 반드시 망할 것이오."

김창숙이 정확하게 예언한 셈이다.

공판에서 검사는 무기형을 구형했고 판사는 14년 징역을 선고했다. 나석주 의사의 식산은행과 동양척식회사 폭탄 투척 사건의 주동자로 인정하여 살인미수, 치안유지법 위반, 폭발물 취급령 위반이란 죄목이었다. 김창숙은 항소를 포기하고 대전교도소로 이감해

공판장으로 가는 김창숙.

길고 긴 감옥살이에 들어갔다.

1933년 새로 부임한 교도소장이 김창숙에게 절하기를 강요하자 웃으며 말했다.

"내가 옥에 들어온 지 이미 6~7년이 되었지만 옥리에게 머리 한 번 까딱하여 절한 일이 없다. 나는 위협으로 내 뜻을 바꿀 사람이 아니다. 내가 너희들에게 절하지 않는 것은 곧 나의 독립운동 정신을 고수함이다. 대저 절은 경의를 표하는 것인데 내가 너희들에게 경의를 표해야 할 것이 무엇이 있나?"

투옥 7년째 되는 1934년 9월 들어 건강이 악화되었다. 일제는 옥사하지 않을까 겁을 먹고 형집행정지로 석방했다. 김창숙은 울산 백양사로 들어가 요양 생활을 시작했다. 이곳에서 시를 쓰며 일본의 패망을 기다렸다. 형사들이 찾아와 이름을 일본식으로 창씨하라는 명령도 단호히 거부했다. 그 사이에 큰아들 환기가 일본경찰의 고문을 받고 출옥한 지 얼마 안 되어 사망한 데 이어 둘째 아들 승로가 아버지의 뜻을 받들어 충칭 임시정부로 가다 불귀의 객이 되고 말았다. 김창숙은 수많은 시를 쓰면서 깊은 슬픔을 삭

자신이 심혈을 기울여 만든 성균관대에서 유림들과 함께한 심산(맨 앞에 앉아 있는 이). 그 뒤가 아놀드 미 군정장관이다.

였다. 해방 직전인 1945년 8월 7일 예비 검속에 걸려 왜관경찰서에 끌려갔다가 그곳에서 해방을 맞았다.

반독재 기치 아래 이승만과 정면승부

일본이 항복한 다음 날, 김창숙은 청년들의 부축을 받으며 왜관 경찰서 정문을 나섰다. 집으로 가는 길에 일가친척 등 1,000여 명 이 만세를 부르며 환영했다. 다들 집에 모여 술잔을 들고 만세를 부르며 기쁨을 나눴다. 김창숙이 세상에 나와 67년 만에 처음 맞 는 거룩한 날이었다. 동지들의 요청에 따라 상경한 그는 해방이 되고도 석 달이 지나서야 귀국한 임시정부 일행을 만났다. 이때부터 백범 김구와 함께 반탁운동과 단독정부 수립 반대 운동의 선봉에 섰다.

한편으로는 유림을 결속시킨 뒤 친일파와 썩은 유생들을 쫓아내고 성균관대학교를 설립했다. 김창숙은 성균관대학교 총장에 취임하면서 "성균관은 우리나라의 유학을 높이 장려하던 곳이다. 유교가 쇠퇴하면 국가도 따라서 망하고 나라가 망하면 국학도 역시 폐한다."고 강조했다. 그러나 김창숙과 김구의 뜻과 달리 한반도는 분단과 단정 체제를 향해 달려가고 있었다. 김창숙이 쓴 시 한 편을 읽어보자.

> 외국의 군대가 철수하지 않으면
> 우리 조선에는 평화 없으리라.
> 아아, 슬프다. 일성과 승만.
> 같은 겨레요 형제간이로다.
> 형과 아우가 본시 원수가 아닌데
> 어이해 콩깍지로 콩을 삶는다더냐.
> 아아, 슬프다. 미국과 소련.
> 너희 군대는 본래 이름이 없었다.
> 너희들이 만약 일찍 철거한다면
> 우리 천하에는 환호성 진동하리.

1948년 3월 12일 김창숙은 김구와 김규식, 홍명희, 조소앙, 조성환, 조완구 등과 함께 〈7인 지도자 공동성명〉을 발표했다. 이 성명은 38선을 국경선으로 고착시키고 두 국가가 형성되면 남북 형제가 미·소전쟁의 전초전을 개시하여 총검으로 대하게 돼 민족의 참화가 예상된다고, 한국전쟁 발발을 예언했다. 이후의 사태는 남북한 정부 수립-백범 김구 암살-반민특위 무산-한국전쟁 발발 등 이들의 우려 그대로 진행됐다.

이승만의 안하무인격인 실정을 보다 못한 김창숙은 1951년 봄 〈이승만 하야 경고문〉을 발표했다. 이승만의 실정과 독재를 신랄하게 꾸짖는 내용이었다.

1957년 대표적인 친일파 최남선이 사망했을 때 이승만이 조사를 지어 그를 칭찬하자, 김창숙은 〈경무대에 보낸다〉라는 성명서를 발표했다. 그는 이 글을 이승만에게 보내고, 「대구매일신문」에도 싣게 했다.

아아, 우남(雩男) 늙은 박사여

그대 원수(元首)로 앉아

무엇을 하려는가

고금 선현의 일

그대는 보았으니

응당 분별하리

충역(忠逆) 선악 갈림길을

진실로 올바른 세상

만들려거든

우선 역적들

주살하라
생각하면 일찍이
삼일독립선언 때
남선(南善) 이름 떠들썩
많은 사람 기렸지.

이윽고 반역아
큰소리로 외쳐
일선융화 옳다고
슬프다 그의 대역
하늘까지 닿은 죄
천하와 나라 사람
다 함께 아는 바라. (중략)

나라 배신 백성 기만
어찌 다 말하랴
이 나라 만세의 부끄러움
박사 위해 곡(哭)하노라.

    이승만이 3선 연임까지 강행하자 김창숙이 다시 나섰다. 그는 공개적으로 각료 중 간신배에 해당하는 몇몇을 해임시키고, 민의 조작의 주동 집단인 자유당을 해체하며, 부정선거를 무효로 선언하고 재선거를 실시할 것을 요구했다. 김창숙 아니면 감히 할 수 없는 대담한 제언이었다. 이 제언에 대해 이승만은 김창숙을 성균

백범김구선생살해진상규명투쟁위원회 위원장에 추대된 김창숙 선생이 인사말을 하고 있다.

관대학과 유도회에서 쫓아내는 것으로 화답했다.

이승만 정권은 갖가지 공작을 벌여 친일파 윤우경이 중심이 된 자유당 정치 브로커들이 유도회를 장악하도록 했다. 성균관대 총장 자리는 김창숙을 몰아내고 역대 독재정권의 하수인이었던 이선근을 앉혔다.

모든 공직에서 밀려난 김창숙은 서울에서 영업용 택시 기사로 일하는 아들이 벌어다주는 돈으로 간신히 생계를 유지했다. 그는 죽는 날까지 집 한 칸이 없어서 여관을 전전하고 병원비를 구하지 못해 문전박대를 당하면서도 권력자들의 도움을 거절했다.

드디어 1960년 4.19혁명으로 이승만 정권이 붕괴됐다.

김창숙은 이승만의 하야와 망명 소식을 서울 중앙의료원 병실에서 들었다. 힘을 얻고 일어선 그가 할 일은 많았다. 백범김구선생기념사업회가 생기면서 회장에 선출된 것을 비롯해 일성이준열

사기념사업회 회장, 안중근의사기념사업회 회장도 맡았다. 김구 선생 암살에 대한 폭로가 잇따르자 백범김구선생살해진상규명투쟁위원회를 구성해 위원장에 추대됐다. 그러나 83살의 나이로 마지막 병원 신세를 지던 무렵, 5.16쿠데타 소식이 날아왔다. 이미 그때는 선생의 기력이 떨어지고 정신이 혼미해진 시기였다.

그는 자서전에서 "나는 고문을 받은 이래 병이 더욱 악화되어 두 다리의 마비로 진작부터 앉은뱅이가 되어 일어날 때 남의 부축을 받아야 했다."고 회고했다. 하지만 불구가 됐기 때문에 일제와 이승만 정부의 탄압 속에서 옥사하거나 암살당하지 않고 살아남을 수 있었던 것은 아닐까?

참선비가 흔치 않던 시절의 참선비

김창숙 선생이 세상을 떠나자 성균관대학교 심산사상연구회는 심산상을 제정했다. 2000년에는 김수환 추기경이 수상자로 결정되었다. 심산상 수상자는 김창숙 선생 기일에 묘소를 참배하는 것이 관례였다. 묘소를 참배하려면 유교식으로 절을 해야 하는데 추기경에게 그것을 강요할 수는 없었다. 그러나 추기경은 거리낌 없이 절을 했다. 김 추기경은 행사 직후 "이 어른이 살아계셨다면 마땅히 찾아뵙고 절을 했어야 하는데 돌아가셨으니 묘소에서 절을 하는 것이 당연하지 않은가?"라고 반문했다. 이어 "심산 선생은 모두가 존경하는 분이고, 이분에게 하나님의 영원한 안식이 함께 하기를 바라는 의미에서 큰절을 올린 것"이라고 말했다.

김수환 추기경의 면모는 역시 큰 인물다웠다. 존경하는 독립투사에 대한 예도 갖추고 타 종교를 존중하는 겸허한 모습도 보였

고 김수환 추기경이 심산 김창숙 선생의 묘소에서 여섯 차례 큰절을 올렸다(사진 심산사상연구회 제공).

다. 어쩌면 젊은 날 제대로 저항도 하지 못하고 학병에 끌려간 일이 영원한 독립지사 김창숙 선생에 대한 추모의 염으로 승화한 것 아닐까?

김 추기경은 세월이 지난 후 심산사상연구회가 재정난에 허덕인다는 소식을 듣고 사람을 시켜 조그마한 상자를 보냈다. 그 안에는 본인이 받은 상금 700만 원에다 300만 원을 더 보탠 1천만 원이 들어 있었다. 종교의 벽을 넘어 김창숙 선생이나 김수환 추기경이야말로 후손들에게 인생의 방향을 밝혀준 등불이 아닐까?

『심산 김창숙 평전』(2006)을 펴낸 전 독립기념관장 김삼웅은 심산의 일생을 이렇게 평가했다.

"참선비가 흔치 않았던 시절에 심산은 참선비가 되었다. 유학 경서나 읽고 거들먹대는 선비가 아니라 시대악과 처절하게 맞서 싸운 선비였다. 그가 타도하고자 한 '시대악'의 원흉은 일본 침략주의 세력이었다. 그리고 해방 후에는 분단과 이승만 독재 세력이었다."

성균관대학 교정에 서 있는 김창
숙 선생의 동상.

한 인간이 어릴 적 세운 뜻을 일생을 통해 일관되게 견지하기란
참으로 어렵다. 그러나 세상에는 그 일관성을 지키며 자신을 불사
르고 강인하게 원칙을 지켜간 심산 같은 인물도 있다. 이제 심산
김창숙 선생의 모습은 그가 만든 성균관대학 교정에서 동상으로나
만날 수 있다. 그 동상을 볼 때마다 그런 질문을 해본다.

"심산이 없었다면 한국의 유교는 제대로 명맥을 이어나갈 수 있
었을까?"

3.
'썩은 유림', 공자 대신
일제와 이승만을 섬기다

_ 친일파에서 독재정권의 하수인으로 변신한 이명세의 추잡한 일생

일제 때는 대일본제국에 개처럼 충성을 다하고 자유당 시절에는 독재자 이승만을 위해 발로 뛴 '썩은 유림'이 여기 있다. 조선 최후의 지조파 선비 김창숙과 정확히 대척점에 서 있는 그의 이름은 이명세(1893~1972)다.

이승만의 독재 행각을 공개적으로 비난하면서 심산 김창숙은 이승만 독재 정권의 보복에 시달려야 했다. 마침내 1957년 7월 11일 김창숙을 축출하라는 이승만의 밀명을 받은 이른바 '재단파'가 폭력으로 김창숙 세력을 몰아내고 유도회와 성균관대를 차지했다.

김창숙을 몰아내고 유림을 장악한 인물들은 일제 때 황해도 송화서장을 지내고 이승만 정권에서 서울시경국장, 치안국장을 역임한 친일파 윤우경이 중심인 자유당 정치 브로커들이었다. 유도회

'썩어빠진 유림'의 대명사 이명세.

총재에는 기독교 신자인 이승만이, 최고 고문에는 역시 기독교 신자인 이기붕이 추대되었다. 유도회가 자유당의 외곽단체로 전락한 것이다.

재단법인 성균관 이사장 자리는 이명세(이인호 KBS 이사장의 조부)가, 총장 자리는 이선근이 가져갔다. 이선근은 일제 때 만주에서 설치던 대표적인 친일파로, 관동군에게 군량미를 납품하던 인물이다. 이명세는 이승만의 종신집권을 돕기 위해 1960년 대선을 앞두고 유림들로 구성된 '선거대책위원회'까지 구성했다.

일제의 침략전쟁을 찬양하고 황국신민화를 다짐하다

이명세는 『친일인명사전』에도 오른 유명한 친일파로, 일제 치하에서 지방법원 서기 겸 통역관으로 일하던 인물이다. 법원에서 나온 뒤 은행 지점장을 지내다 도평의회 의원(오늘날 광역의원)을 거쳐 동일은행, 남창사 같은 주식회사에서 이사로 일하며 부를 축적했다.

그러던 이명세는 1939년 47세 나이에 조선총독부로부터 중요한 자리를 받았다. 조선의 유교, 조선 유림의 간부인 조선유도연합회 상임참사가 된 것이다. 이 단체는 사회지도층인 유림을 앞세워 조선인들을 침략전쟁에 동원하기 위해 조직한 단체다. 이때부터 그는 전국을 돌아다니며 일제의 침략전쟁을 찬양하는 시국강연을 했다. 또 조선유도연합회의 기관지 「유도」에 일본을 찬양하고, 유교를 통한 황국신민의 본분을 다하자고 역설했다. 이것도 모자라 일본을 중심으로 한 대동아공영을 만들자는 내용의 논설과 한시까지 게재했다. 「유도」 창간호에 실린 '동아공영권, 유교의 역할'이란 기고문을 읽어보자.

> 나라를 세운 이래 만세일계의 천황을 받드는 빛나는 역사를 가지며, 세계 인류를 위해 최고 문화의 건설을 사명으로 하는 우리 일본은 이번 대동아전쟁을 계기로 동아 신질서 건설을 실현하고자 또 하나의 걸음을 내디뎠다.

이 글에서 그는 일본이 전쟁을 일으킨 것은 불의한 나라들을 응징하기 위해서라고 역설했다. 미국과 영국과 같은 서양 침략자들이 동아시아를 착취하고 '우리나라의 발전을 저지하기 때문'에 전쟁을 일으키지 않을 수 없었다고 강조했다. 따라서 일본이 서양을 상대로 전쟁을 벌이게 된 이 기회를 이용해서 천황의 사상인 황도정신을 전 세계에 널리 퍼뜨려야 한다는 것이 이명세의 주장이었다. 왜냐하면 그의 머릿속에는 황도 정신만큼 아름답고 훌륭한 것이 없기 때문이었다.

그는 이 전쟁은 승리할 수밖에 없는 전쟁이므로 적극 협력해야 한다고 주장했다. 일본이 일으킨 전쟁은 명분을 봐도 훌륭하고 가능성을 봐도 유망하기 때문에 유림 전체가 일어나서 전쟁 수행을 지원해야 한다고 결론을 맺었다. 그야말로 '뼛속까지 친일파'라고 할 수 있다.

이명세가 유림들만 상대로 친일 선동을 한 것은 아니었다. 그는 일본군 징병의 대상인 청년들이나 그 부모를 상대로 똑같이 선동을 하고 다녔다. 1942년에 「유도」에 기고한 「축 징병제 실시」란 시를 읽어보자.

해마다 북벌에 또 남벌
이제야 반도의 병력을 새로이 징발하시니
내외가 한결같이 은혜를 입었네.
집안에선 아들 난 것을 중한 일임을 더욱 알고
나라 위해 죽는 것은 가벼이 여겨야 하리
우리들은 후회 없나니
하루빨리 전란의 시대가 평화의 시대 되길 바랄 뿐이라네.

여기서 내외(內外)란 일본과 식민지를 가리킨다. 일본에 이어 식민지 조선도 징병제의 적용을 받게 되었으니 이제야 한결같은 은혜를 받게 되었다고 감격한 것이다. 유림의 일원으로 이명세는 조선의 젊은이를 죽음의 전장으로 내모는 징병제를 찬양하는 시를 쓴 것이니, 일제에 충성한 고등 친일 선동가라고 할 수 있다.

이명세는 '우리나라(대일본제국)'의 승리를 확신했지만 그의 나라는 승리하지 못했다. 그러나 그의 나라는 망했는데도 이명세는 망하지 않았다. 미 군정과 이승만의 비호 속에서 사회지도층의 지위를 잃지 않았던 것이다.

친일파다운 추잡한 제안, 그러나 단칼에 거부당하다

살아남은 이명세는 유림의 주도권을 찾고 싶었다. 그러나 쉽지 않았다. 그의 앞에 거대한 벽이 버티고 있었기 때문이다. 그 벽은 독립투사이자 유학자인 심산 김창숙이었다.

이승만이 종신집권을 획책하던 1955년, 이명세는 김창숙에게 타협안을 제시했다. 8천만 환이란 거액을 유도회와 성균관에 기부하는 조건으로 유도회 부위원장 자리를 요구했다. 독립투사 계열과 친일파 계열의 동거를 제안한 것이다. 하지만 대쪽 같은 선비인 김창숙이 그런 추파를 받아들일 리 만무했다.

김창숙은 "세상 사람이 다 아는 친일파를 어떻게 받아들일 수 있겠는가?"라며, "불의한 돈을 받는 것은 공자와 맹자의 도에 어긋나는 일이다"라고 말했다.

망신을 당한 이명세는 이승만과 자유당의 비호 아래 폭력적 방법을 선택했다. 일제 때에 이어 이승만 치하에서 불의한 방법으로 유림 사회를 유린하는 길로 나간 것이다.

당연히 이명세는 민족문제연구소의 『친일인명사전』 종교 부문과 친일반민족행위진상규명위원회가 발표한 친일반민족행위 704인 명단에 이름을 올렸다. 이런 인물에 대해 아무리 자기 할아버지라고 해도 "유학의 영향력을 증대하기 위한 것"이라고 변명하는 손녀 이인호 KBS 이사장의 역사의식을 의심하지 않을 수 없다. 이인호는

역사관련 단체와 야당 국회의원들이 친일파 이명세의 손녀 이인호의 KBS 이사 임명을 철회하라고 촉구했다.

한 칼럼에서 "두 세대쯤 앞에 태어나 지금까지 정도의 '출세'를 하며 살아왔더라면 지금쯤 아마 나도 친일인사 명단에 올라 있을 가능성이 없지 않다."고 솔직히 기술했다. 조부의 역사 인식이 DNA를 타고 남아 있는 것이다. 그것도 모자라 "일제 시대에 중산층 이상은 다 친일파"라는 궤변을 늘어놓았다.

미안한 얘기지만 일제 시대 항일 독립투사 대부분은 중산층 이상 집안의 공부를 많이 한 지식인이었다. 하층 민중들은 먹고 사느라 친일이니 독립운동에 뛰어들 여유가 없었다.

이인호뿐만 아니라 친일파 본인이나 후손들은 대개 반성에 인색하다. 일제 시대에 군수를 지낸 이항녕 전 홍익대 총장 정도만 본인의 친일 행각을 국민과 역사 앞에 진심어린 사과를 했고, 후손들 중에 공개 사과를 한 이는 손가락으로 꼽을 정도다.

이인호와 똑같이 할아버지가 『친일인명사전』에 오른 홍영표 의원
(새정치민주연합)을 보자. 홍 의원은 "총선을 치르는 과정에서 가족
사를 알게 됐다. 조부님에 대해서는 항상 역사와 국민 앞에 사죄
하는 마음으로 살아가려고 한다."고 밝혔다. 이어 홍 의원은 독립
운동 유공자 지원 대상을 확대하는 내용의 '독립유공자 예우에 관
한 법률' 개정안을 발의하고 공청회를 여는 등 적극적으로 할아버
지의 죄상을 사죄하는 활동을 벌이고 있다.

친일파를 옹호하는 인사가 공영방송의 이사장이 되는 나라가 과
연 정상적인 국가일까? 누구 말대로 "프랑스가 공영방송 이사장으
로 나치 독일에 협력한 부역자 후손을 임명한 셈"이라는 지적이 수
긍이 간다.

4.
한국 현대사를 먹칠한
잔인한 파렴치범

_ 거창 양민학살 은폐와 장면 부통령 암살 관련자 김종원의 행각

여수 순천 사건이 발생한 지 1주일 뒤인 1948년 10월 26일.

앞서 3차례 작전이 모두 실패한 진압군은 연락기를 띄운 가운데 육지와 바다에서 동시에 밀고 들어갔다. 장갑차를 앞세운 진압군의 무차별적인 박격포 공격으로 여수 시내는 초토화되었다. 시내로 들어온 진압군은 기관총을 난사하며 소탕 작전을 벌였다. 반란군은 이미 지리산으로 빠져나갔기 때문에 진압군의 공격은 비무장의 여수 시민들을 향했다.

여수를 점령한 진압군은 제일 먼저 시민들을 공공장소로 모이라고 명령했다. 진압군은 모여 있는 군중 가운데 사건 가담자라고 판단되는 사람은 학교 건물 뒤편에 마련한 즉결처분장에서 개머리판, 참나무 몽둥이, 체인으로 죽이거나 곧바로 총살했다. 당시 여

진압군의 명령에 따라 황급히 보따리를 싸들고 여수 서국민학교에 모이는 시민들.

수 탈환 작전에 참가했던 고(故) 리영희 교수의 회고를 들어보자.

"운동장에는 헤아릴 수 없는 많은 시체가 즐비했다. 반란군
과 진압군 쌍방의 희생자는 대부분 젊은 민간인이었다. 운
동장 울타리를 둘러싸고 많은 사람들이 먼발치에서 통곡
하고 있었다. 나는 동료 학생들을 재촉해서 그 자리를 빨
리 떠나버렸다. 멸치를 뿌려놓은 것처럼 운동장을 덮고 있
는 구부러지고 찢어진 시체들을 목격한 후회와 공포심 때문
이기도 했지만, 울타리 밖에서 울부짖는 남녀노소의 시선이
두려워서였다."

중앙국민학교(오늘날 종산초등학교) 교정에서는 희한한 인물 하나

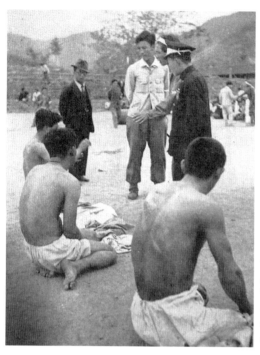

진압군은 시민들을 국민학교 등에 모이게 한 다음 부역자를 색출했다. 옷이 벗겨진 혐의자들이 경찰과 우익 인사들로부터 심문을 받고 있다.

가 설쳐대고 있었다. 부산에서 부하들을 이끌고 달려온 김종원 5연대장이었다. 그는 배를 타고 여수 앞바다에 도착한 뒤 무모하게 상륙하려다 많은 부하를 잃었고, 마구잡이로 시내에 박격포를 쏘았다가 국군 다수를 살상해 비난을 한 몸에 받은 터였다.

　김종원은 상륙작전 실패를 분풀이하듯 버드나무 밑에서 일본도를 휘두르며 혐의자들의 목을 뎅강뎅강 잘랐다. 일본도를 휘두르다 지치면 권총이나 소총으로 민간인들을 사살했다. 대한민국 역사상 가장 추악한 인물이 등장하는 순간이다.

　스스로를 '백두산 호랑이'라 칭했던 김종원은 일본군에 제 발로 걸어들어가 하사관으로 복무하면서 뉴기니 전투 등에 참가했다.

한국 현대사에서 있어서는 안 될 인물 3명 중 하나로 꼽히는 김종원. 그의 부대에 배속된 미국인 고문관은 "부하에게 가혹했고 전투에는 비겁했다."고 평가했다. 군인으로서 최악의 평가를 받은 것이다.

거기서 식량이 떨어지자 인육까지 먹은 적이 있다고 자랑스럽게 떠벌리고 다녔다. 일본이 패망하자 귀국한 김종원은 군대에 들어갔다. 여기서도 부하들과 체포된 혐의자들을 너무 잔인하게 다루다가 해임과 복귀를 반복했다. 그의 부대에 배속된 미 고문관은 "부하에게 가혹했고 전투에는 비겁했다. 전술적 두뇌가 없었고 부하 장병들로부터 원성이 자자했다."고 기록했다.

여순 사건이 끝나고 마산 16연대에 있던 시절에는 마산 시내 전 중학생을 마산중학교 운동장에 집결시켜 놓고는 기관총을 단 지프차를 타고 나타나 "반민특위에서 나를 잡으러 오면 3초 안에 모두 쏴죽이겠다."고 외쳤다고 한다.

한국전쟁이 끝나고 경남경찰국장으로 있던 김종원은 참모회의에서 인플레 때문에 시민들이 고생을 한다는 보고를 받자 바로 지시를 내렸다.

"수사과장, 당장 나가서 '인플레' 잡아와!"

빨치산 소탕을 위해 경찰이 출동 준비를 하고 있다.

거창 사건 폭로되자 범죄 은폐에 앞장서다

1951년 2월 10일 국군 11사단 9연대 3대대는 경남 거창군 신원면에 빨또치산을 소탕한다며 들어왔다. 이미 빨치산은 경찰 병력에 막대한 타격을 가하고 산으로 도망간 후였다. 3대대는 통비분자를 색출한다며 과정리, 중유리, 와룡리, 대현리 주민들을 과정리 신원초등학교에 집결시켰다. 학교에 모인 사람들은 교실 4개와 복도를 꽉 메웠다고 한다.

이튿날 날이 밝자 군인, 경찰, 공무원 가족을 가려내어 내보낸 다음 모두 박산골로 끌고 가 무차별 사격을 가했다. 죽은 시체 위에는 솔가지를 덮고 휘발유를 뿌린 다음 불을 질렀다. 동시에 마을집도 모두 불살라버렸다.

박산골에서만 719명이 학살됐다. 태반이 노약자와 부녀자, 어린이였다. 9연대 3대대는 이런 식으로 무고한 양민들을 연이어 학살

거창사건추모공원에 세워진 조
각물. 학살 당시를 재현했다.

하며 일대를 돌아다녔다. 그리고는 9연대 본부에 187명의 공비와
통비분자들을 소탕했다고 보고했다.

그로부터 한 달쯤 뒤인 3월 초순 경, 청년 2명이 국회 본회의가
열리고 있는 부산극장으로 거창 출신 국회의원 신중목을 찾아왔
다. 신중목은 이들로부터 "거창군 신원면에서 1,000명의 주민들이
집단 총살을 당했다."는 믿기 어려운 얘기를 들었다. 그는 참극 현
장으로 달려가 사실을 확인한 후 3월 29일 국회 본회의에서 "빨갱
이 잡으라고 보낸 토벌대가 죄 없는 양민 500명을 살육했다."고 폭
로했다. 이에 따라 국회와 내무·법무·국방부 인사들로 구성된 합동

제16연대 부연대장을 맡았던 김종원(왼쪽 끝)이 진주지구를 시찰하고 촉석루에서 기념촬영한 사진.

조사단이 4월 6일 현지에 파견됐다.

국군이 저지른 짓이 들통날 위기에 처하자 헌병사령부 부사령관 겸 경남지구 계엄민사부장인 김종원은 서둘러 학살 현장으로 뛰어가 어린이들의 시체를 2킬로미터 떨어진 계곡으로 옮겼다. 그리고는 합동조사단이 거창 현지에 도착하자 숙소마다 전화를 걸어 "신원면에 수백 명의 공비가 나타났습니다." 하고 겁을 주었다.

다음 날 조사단이 신원면을 향해 산길을 가고 있을 때는 김종원의 지시를 받고 공비로 가장한 병사들이 따발총으로 위협사격을 가해 철수하게 만들었다. 이승만 대통령은 4월 24일 담화문을 통해 "이 사건은 공비와 협력한 187명을 군법회의에 넘겨 처형한 사건"이라고 거짓 해명을 했다.

그러나 「워싱턴포스트」를 비롯한 외국 언론들이 이 사실을 대서특필하자 이승만은 궁지에 몰리게 되었다. 결국 정부는 진상조사

이승만의 강압에 밀려 김종원을 석방한 이종찬 육군참모총장. 군부의 정치 참여를 끝까지 반대했다.

를 실시한 뒤 학살 혐의자들을 군법회의에 넘겨 9연대장 오익경 무기징역, 3대대장 한동석 징역 10년, 그리고 김종원에게는 징역 3년을 선고했다.

이승만, 김종원 석방을 지시하다

문제는 이승만이 이기붕 국방부장관에게 김종원을 풀어주라고 지시한 것이다. 이 지시에 이기붕은 사표로 항의했다. 이기붕이 협조하지 않자 이승만은 이종찬 육군참모총장을 찾았다. 정치에 초연하고 강직한 군인으로 알려진 이종찬 장군의 증언을 들어보자.

"당시 김종원을 석방하지 않으면 안 된다는 강한 지시가 내려왔다. 이 대통령이 김종원 석방에 앞서 발표하려고 직접 쓴 성명서 초안을 대통령 비서가 보여줬다. 거기에는 '김종원

은 애국 충정이 대단한 사람'이라며 이순신 장군에 비유하
는 내용이 담겨 있었다. '이건 예사로운 사태가 아니구나'라
는 생각이 들어 김종원을 석방했다."

인간 이하의 인간을 이순신 장군에 비유하다니, 이승만의 눈에
는 자기에게 개처럼 충성만 하면 참 군인으로 보였나 보다. 결국
김종원은 판결 석 달 만인 1952년 3월 대통령 특별명령으로 풀려
났다. 그리고는 재빨리 군복을 벗고 경찰에 투신하더니 이승만의
배려로 전북과 경남, 경북, 전남경찰국장을 차례로 지낸다. 그리고
는 남원에 주둔한 공비 토벌 부대인 서남지구 전투경찰대장 사령
관으로 고속 승진한다. 도경국장 시절에도 이승만의 대통령 당선을
위해 곳곳에서 부정 선거를 독려하다 야당과 언론의 반발을 사는
등 말썽을 일으키기도 했다.

이 같은 김종원의 행각을 유심히 지켜보던 이승만은 1956년
5.15 정·부통령 선거에서 3선에 성공하자 선거 주무 장관인 내무장
관에 이익흥, 전국 경찰의 총수인 치안국장에 김종원을 앉혔다. 일
본군 지원병 출신이 대한민국 경찰의 우두머리가 된 것이었다. 이
익흥은 일제 때 경찰서장을 지낸 일급 친일파이고, 김종원은 지금
까지 보았듯이 일본군 하사관 출신에다 거창 양민학살 은폐 사건
으로 수감됐던 인물이다. 이는 1960년 대통령 선거에 대비한 이승
만의 주도면밀한 사전포석이었다.

여기까지가 김종원의 전성시대였다. 그는 차기 대권주자인 이기
붕의 눈에 들기 위해 장면 부통령 저격 사건에 개입했다가 사직하
게 된다.

장면 저격 사건의 배후에 스멀거리는 김종원의 그림자

대통령 선거로부터 넉 달여 후인 1956년 9월 28일 오후 2시 30분 경, 민주당 전당대회가 열린 서울 명동 시공관에서 한 방의 둔탁한 총성이 울려퍼졌다.

당~!

장면 부통령이 연설을 마치고 막 시공관 동쪽 문을 빠져나가려는 순간에 누군가 권총을 쏜 것이었다. 총탄은 왼손을 스쳤을 뿐 생명에는 지장이 없어 살인 미수에 그쳤다. 해링턴 권총을 쏜 범인 김상붕은 민주당원들에게 붙잡혀 뭇매를 맞다가 어디선가 갑자기 나타난 김종원 치안국장에게 넘겨졌다. 실패해서 그렇지 모든 상황이 백범 김구 암살 당시와 비슷했다.

김상붕은 권총을 쏜 직후 "조병옥 박사 만세!"라고 외쳐 사건을 민주당 구파와 신파의 내분으로 몰고 가려는 서툰 연극을 연출했다. 김종원은 김상붕을 병원에 입원시킨 후 "김상붕은 민주당이 당파 싸움만 하는 데 실망했고, 특히 장면은 우리의 원수인 일본과 친하려고 했기 때문에 암살하려 했다."고 엉터리 수사 결과를 발표했다. 그러나 검찰의 수사가 진전되면서 김상붕의 배후에 최훈, 그 뒤에 이덕신 성동경찰서 사찰주임이 도사리고 있는 것을 밝혀냈다. 최훈은 법정에서 "치안국장 김종원이 배후라고 생각한다."고 폭로했다. 이리하여 김종원은 또다시 법정에 끌려나오게 된다.

법정에서의 그의 태도는 정말 파렴치했다. 그는 판사에게 "재판 공정히 하시오. 나를 근거도 없이 배후로 몰고 있어. 법정도 못 믿겠어. 맘대로 해! 당신은 일개 판사지만 나는 헌병사령관이었어!"라고 떠들어 방청객들을 놀라게 만들었다.

저격당한 직후 경호원의 부축을 받고 있
는 장면 부통령(사진 왼쪽).

1960년 4.19혁명이 일어나 이승만이 미국으로 도주하자 그제서
야 재수사가 시작돼 배후가 밝혀졌다. 시작은 연로한 이승만이 죽
을 경우 자동적으로 대통령 자리가 야당 소속인 장면 부통령에게
넘어갈 것을 두려워한 이승만의 후계자 이기붕이었다. 이기붕의 지
시를 받은 측근인 자유당 간부 임흥순이 이 음모를 실행하라고 이
익흥 내무장관에게 지시했다. 이익흥은 김종원 치안국장에게, 김종
원은 휘하의 특정과장 장영복과 중앙사찰분실장 박사일에게 지시
했다. 이 지시는 다시 시경 사찰과장 오충환을 거쳐 이덕신에게 넘
어갔다. 결국 이덕신이 총대를 메고 범행 실행자를 물색한 것이다.

김종원, 이름만 들어도 치가 떨린다
김종원은 4.19혁명 후에 다시 체포되어 징역 15년을 선고받았다.
그는 복역 중에 당뇨병에 걸려 석방됐다. 그러나 병세가 악화돼 결

김종원이 1957년 1월 22일 소환 심문
을 받는다는 사실을 보도한 신문 기사.

국 실명했고, 암흑 세상을 살다 쓸쓸하게 세상을 떠났다. 서중석
역사문제연구소 이사장은 인터넷 신문 「프레시안」과의 대담에서 김
종원에 대해 이렇게 평가했다.

"언젠가 어느 군인과 함께 여행을 떠난 적이 있는데 그 군인
이 이런 얘기를 하더군요. '김종원, 원용덕, 김창룡, 이 세 사
람은 한국 현대사에 있어서는 안 될 인물이다……' 정말 정
확하고 명쾌한 지적이라는 생각이 들었습니다. 이 셋은 이승
만의 총애를 받으며 악명을 떨쳤습니다. 경찰총수인 치안국
장, 헌병사령관, 군 특무부대장을 지낸 사람들로 정말 많은
악행을 저지른 것으로 역사에 기록됐습니다."

이 세 사람의 악행이 신생 대한민국의 출발을 어둡게 덧칠했다
는 얘기다. 이승만 정권 12년 동안 군림한 실력자들의 면면을 보

면 정말 한심하다는 생각이 든다. 죄다 친일을 하다 친미파와 반공투사로 둔갑해 이승만의 비호를 받으면서 온갖 악행을 저지른 인물들이다. 이 가운데 가장 악질로 꼽히는 자가 김종원이다. 여수와 순천 지역에서는 지금까지도 김종원 이름 석 자만 들어도 치를 떠는 주민들이 많다고 한다.

5.

어느 독립운동가의
이상한 최후

_ 이승만 집권 후 첫 작품은 '독립운동가 최능진 체포'

한국전쟁이 한창이던 1951년 2월 11일 경북 달성군 가창면에 있는 야산.

조용한 산중에 갑자기 '탕, 탕, 탕!' 총소리가 울렸다. 독립운동가이자 미 군정청 경무부 수사국장을 지낸 52세의 최능진의 심장을 꿰뚫는 총성이었다. 최능진은 가족들에게 한 장의 유서를 남겼다.

"정치사상은 혈족인 민족을 초월해 있을 수 없다. 아버지의 금일의 운명은 정치적 모략에서 비롯된 것인 바, 너희는 조금도 누구에게 반감을 갖지 말고 또한 아버지의 원수를 갚을 생각도 하지 마라."

비운의 민족주의자 최능진. 이
승만과 친일경찰에 맞서 싸우
다 처형당한다.

해방 정국에서 경찰의 간부이자 대표적인 민족주의자이기도 한
최능진(1899~1951)이 형장의 이슬로 사라진 비극은 어디에서 시작되
었을까?

안창호 선생과 함께 투옥되다

최능진은 1917년 미국 유학을 떠나 듀크대학과 프린스턴대학에
서 체육학을 공부하다 독립운동가인 형들의 영향을 받아 안창호
선생이 이끄는 흥사단에 가입했다. 귀국해 평양 숭실전문학교에서
후학들을 가르치다 1937년 3월 흥사단을 말살하려는 '수양동우회
사건'에 연루돼 안창호, 조만식 선생 등과 함께 투옥된다.

해방 후에는 조만식 선생이 이끄는 건국준비위원회의 치안부장

1935년 대전교도소에서 출감한 안창호, 조만식 선생을 여운형 선생이 반갑게 맞았다. 왼쪽부터 여운형, 안창호, 조만식 선생(사진 독립기념관 제공).

으로 활동하다 공산당의 탄압을 피해 38선을 넘어 월남했다. 남쪽으로 향하던 중 그는 부하들로부터 어처구니없는 소식을 듣는다.

"남조선에서는 아직도 친일 부역 경찰 출신이 그대로 치안을 맡고 있는 모양입네다."

"아니, 어떻게 그럴 수 있단 말인가?"

"다른 건 몰라도 북조선에서는 친일파 청산 하나는 확실히 하고 있지 않습네까?"

"내, 이놈들을 그냥 두지 안 캈어."

1945년 9월 15일 해주에 도착해 남조선 신문을 처음으로 구해 본 최능진은 격분하지 않을 수 없었다. 서울에 도착한 그는 곧바로 경찰에 투신했다. 최능진은 유창한 영어를 무기로 미 군정청으로부터 첫 직장인 경찰관강습소 책임자로 취임했다. 그는 그 시절을 이렇게 회고했다.

미 군정 당시의 경찰 수뇌부. 태반이 일제 시대에 독립운동가들을 탄압하던 악질 친일파들이었다.

"내가 경찰관강습소에서 제일 먼저 한 일은 이곳에 남아 있
던 조선총독부 경찰 출신으로부터 사표를 받아낸 일이었다."

한 달 후 미 군정이 경무부(오늘날 경찰청)를 창설하자 수사국장
으로 자리를 옮겼다. 최능진은 이곳에서 이승만과 한민당 일파가
친일파를 경찰 요직에 앉히는 것을 보고 격분했다. 수많은 독립운
동가를 고문하고 죽였던 노덕술이 수도경찰청 수사국장에 취임한
것을 비롯해 이익흥, 최운하, 최연 등 악명 높은 친일경찰들이 속
속 중용됐다. 최능진은 경찰 수뇌부에게 친일경찰 퇴진을 주장했
다. 돌아온 대답은 어처구니없는 논리였다.

"일본경찰 출신이라고 모두 Pro-JAP(친일파)이 아니라 Pro-
JOB(먹고 살기 위해 하는 직업)이었다." - 조병옥 경무부장

"경찰은 기술직이라 어쩔 수 없다." – 장택상 수도경찰청장

친일경찰 청산을 둘러싸고 최능진과 조병옥, 장택상이 정면으로 충돌한 계기가 1946년 10월의 대구폭동이었다. 조병옥은 '좌익 세력의 불순한 파괴적 정치 활동'이라고 발표했지만, 현지에 다녀온 최능진은 이를 반박했다. "좌익도 문제지만, 일제 시대의 고등계 형사들이 해방 후에도 버젓이 경찰에 몸담고 있어 일반 양민들의 원성을 사고 있는 것도 큰 원인"이라고 주장했다.

결국 최능진은 경찰 수뇌부의 압력에 밀려 친일경찰이 장악한 경찰을 떠나게 된다. 그는 사퇴 성명을 통해 "조병옥, 장택상 씨가 경찰 행정을 한민당의 책동에 의해 자행해온 것은 사실이다. 일제 주구가 일조일석에 애국자가 되어 민중의 지휘자가 될 수 없다."고 일갈했다.

이승만에 맞서 5.10 단독선거에 출마하다

최능진은 미국 유학 시절부터 이승만을 잘 알고 있었다. 이승만이 집권하면 통일의 길도 멀어지고 독재 체제가 굳어질 것으로 예상하고 5.10 단독선거에서 그에 맞서 출마를 결심했다. 한편 이승만 세력은 내심 선거구인 동대문 갑구에 무투표 당선을 노리고 있었다.

그러다 최능진이 출마하자 온갖 수단을 동원해 방해공작에 나섰다. 동 선거위원회가 계속 트집을 잡아 접수를 연기시키는가 하면 서북청년회원들이 나서서 추천서 가방을 탈취했다. 결국 최능진의 출마는 '정치 테러' 끝에 무산된다.

자기 외에는 아무도 출마하지 못하도록 공작한 후 여유 있게 투표하는 이승만.

　선거가 끝나자 이승만은 정치공작의 대가로 하수인들에게 선물을 안겨준다. 배후에서 지휘한 백성욱은 내무부장관, 하수인인 서북청년회 리더 문봉제는 교통부장관, 그의 하수인 이성수는 백성욱의 공보비서로 발탁된다.

　대한민국이 수립되고 한 달 보름이 지난 1948년 10월 1일 새벽. 수도경찰청 형사대가 최능진의 자택에서 그를 연행했다. 이른바 '혁명의용군 사건'이었다. 그에게 씌워진 혐의는 서세충(독립운동가), 오동기(광복군 출신으로 14연대장 역임) 등과 함께 쿠데타를 사주해 이승만 정부를 전복한다는 어마어마한 내용이었다. 혐의는 엄청난데 형량은 겨우 3년 6개월에 그쳤다. 이 사건은 나중에 악질적인 관동군 헌병 출신인 김창룡 특무대장이 조작한 것으로 밝혀졌다.

　한국전쟁이 터지자 서대문형무소에 갇혀 있던 최능진은 인민군

이승만과 김창룡 특무대장(오른쪽). 김구 선생 암살을 시작으로 부하들에게 사살되기까지 온갖 정치공작을 저질렀다.

에 의해 석방된다. 그는 중도파 국회의원들과 함께 전쟁을 중단하자는 평화운동을 벌인다. 서울이 수복되자 최능진은 다시 합동수사본부로 연행돼 군법회의에서 사형을 선고받는다. 죄목은 평화운동을 벌여 적을 이롭게 했다는 것이다 그가 총살된 후 가족들은 4.19혁명으로 이승만이 물러난 뒤에야 시신을 수습할 수 있었다.

59년 만의 명예회복, "국가는 사과하라"

2009년 진실화해를 위한 과거사정리위원회는 "최능진은 이승만에게 맞선 것을 계기로 설치 근거도 없고 법관의 자격도 없으며 재판 관할권도 없는 재판부에 의해 사실관계가 오인된 판결로 총살됐다."는 결론을 내렸다. 따라서 국가는 유가족에게 사과하고 법원은 재심을 수용하라고 권고했다. 최능진의 명예를 국가기관에서

김창룡의 묘역은 "파내라!"는 시민단체들의 집회와 플래카드로 늘 어수선하다.

59년 만에야 회복시켜준 것이다.

　이와는 대조적으로 최능진을 억울한 죽음으로 몰고 간 김창룡은 비명횡사한 데 이어 죽어서도 갈 곳을 못 찾고 있다. 관동군 소속 헌병으로 독립군을 잡으러 다니고 이승만의 총애를 무기로 대한민국 국군을 갖고 놀았으며 온갖 조작 사건의 중심인물이었던 그는 결국 특무부대 부하들의 총에 맞아 무참하게 살해된다.

　현재 대전현충원 장군 묘역에 안치된 그의 묘 앞에는 매년 시민단체 회원들이 몰려와 시위를 벌인다. 이들의 주장은 "독립군을 고문한 민족반역자가 국립묘지에 안장돼 있는 것은 애국지사를 욕되게 하고 민족정기를 훼손하는 일"이라는 것이다. 특히 "김창룡의 묘 인근에 백범의 모친과 큰아들이 안장돼 있다."며, 즉시 국립묘

친일학자 이병도가 비문을 쓴 김창룡의 비석이 부러진 채 나뒹굴고 있다
(사진 정지환 「시민의 신문」 취재부장 제공).

지 밖으로 이장하라고 촉구하고 있다.

김창룡 묘는 원래 경기도 안양시 석수동에 있는 관악산 기슭에
있었는데 대전현충원으로 이장한 것이다. 원래 묘지에는 대표적인
친일 사학자인 이병도가 비명을 지은 묘비가 세워져 있었다. 세월
이 흐른 후 이 묘비가 김창룡의 사위가 소유하고 있는 승마장 마
구간에 버려져 있는 것이 확인되었다. 묘비는 여러 조각으로 쪼개
진 채 야생동물의 배설물과 흙덩이와 뒤엉킨 채 쓰러져 나뒹굴고
있었다. 묘비를 읽어보자.

"조국 치안의 중책을 띠고 반역분자 적발에 귀재의 영명을
날리던 고 육군특무부대장 김창룡 중장은 4289년(서기 1956
년-지은이) 1월 30일 출근 도중에 돌연 괴한의 저격을 받아

불행히도 순직했다. 이 참변을 듣고 뉘 아니 놀래고 어 하랴. 아! 이런 변고가 있을까? 나라의 큰 손실이구나…….
아, 그는 죽었으나 그 흘린 피는 전투에서 흘린 그 이상의 고귀한 피였고, 그 혼은 기리 호국의 신이 될 것이다."

– 문학박사 이병도 지음

관동군 헌병으로 독립군에게 총질을 하던 친일파와 민족의 혼을 파먹던 조선총독부 사학 거두의 '찐한' 우정이 느껴진다. 그래서 초록은 동색이라고 했던가?

6.
"인민군 오기 전에
빨갱이로 의심되는 자들 다 처형하라"

_ 이승만 정권, 국민을 적으로 간주하다

인민군이 쳐들어오기 무섭게 서울을 버리고 달아난 이승만 대통령과 신성모 국방부장관 등 정부 각료들은 대전에 머물고 있었다. 이 대통령이 머물던 대전의 충남도지사 공관과 국무회의가 열리던 충남도청은 대전형무소에서 멀지 않았다.

이승만이 대전에 도착하고 나서 이틀 후인 6월 29일. 긴급체포된 여순 사건 관련 사상범과 남로당 열성분자 등 A급으로 분류된 수감자 일부가 골령골로 끌려갔다(이승만 정권은 수감중인 좌익사범을 A, B, C급으로 분류했다). 골령골은 지금의 남대전 나들목 인근에 있는 동구 낭월동 골짜기로, 당시만 해도 재를 넘어 충북 옥천을 오가는 사람들 말고는 인적이 드문 산골짜기였다.

끌려간 이들을 기다리고 있는 것은 눈에 살기를 띤 헌병대와 경

찰이었다. 현장을 목격한 충남경찰청 사찰과 형사 변홍명(가명)은
이렇게 회고했다.

"헌병대는 이들의 눈을 가리고 뒤에서 나무기둥에 손을 묶
었습니다. 헌병 지휘자의 구령에 따라 헌병대가 총살을 하
고, 헌병 지휘자가 확인 사살을 했습니다. 이어 소방대원이
손을 풀고 시신을 미리 준비한 장작더미에 던졌습니다. 시신
이 50~60구씩 모이면 화장을 했습니다. 그러다 가져온 나무
기둥을 다 써버리자 미루나무에 묶어서 총살했습니다."

이렇게 이틀동안 A급으로 분류된 좌익사범들이 모두 처형되었
다. 그러나 이것은 시작에 불과했다. 1950년 7월 1일 새벽 3시 이
승만이 비밀리에 부산으로 떠났다. 소식을 들은 정부 요인들도 서
둘러 대전역으로 달려가 탈출하기에 급급했다. 이날 대전지검 검사
장은 대전형무소에 '좌익 극렬분자를 처단하라'는 전문을 보냈다.
동시에 대전에 주둔하던 제2사단 헌병대와 제5연대 헌병대가 대전
형무소에 파견됐다. 2차 처형이 시작된 것이다.

대전형무소 소장 서리는 피난길에 오른 법무부장관을 찾아 대전
역으로 달려갔다. 이우익 법무부장관은 "군이 재소자들을 달라고
하면 줄 수밖에 없다."면서 "후일 문제가 생기거든 나를 만났다는
얘기를 하지 말라."고 사정했다.

7월 3일 재소자들이 감방 문 밖으로 끌려 나가 총 개머리판으
로 얻어맞으며 트럭에 실렸다. 대전형무소 특별경비대원이었던 김상
곤(가명)은 이렇게 증언했다.

교도소 수감자들을 싣고 처형장을 향해 가는 트럭. 공주형무소 수형자들일 가능성이 크다.

"뒤로 다가가 두 사람을, 한 사람 왼손하고 옆 사람 오른손하고 어긋매끼로 묶었어요. 묶어서 감방부터 현관까지 끌고 왔어요. 헌병이 징발한 트럭에 가득 실었어요. 헌병들은 총 개머리판으로 때리면서 앉으라고 했어요. 못 앉을 것 같죠? 재소자들은 어떻게 하든지 앉아서 아주 납작해져요."

재소자들이 끌려간 곳은 며칠 전 한바탕 처형이 진행된 골령골이었다. 경찰은 사전에 주민과 청년방위대를 동원해 구덩이를 파놓았다. 그 다음 상황은 묘사하기 어려울 정도로 처참했다. 2차 처형은 닷새 동안 진행됐다. 대략 1,800~2,000명이 학살된 것으로 추정된다.

3차 처형은 7월 6일부터 7월 17일 새벽까지 벌어졌다. 처형 장소

1950년 7월 초 대전형무소에 수감된 좌익사범을 처형하는 장면. 트럭에서 수감자들을 끌어내리고 있다.

인근 성당에 있던 프랑스 신부 카타르는 총소리에 놀라 무슨 일인가 하고 달려갔다. 1,000명이 넘는 죄수들이 참호를 파고 있었다. 이 광경을 몇몇 미군 장교들이 지켜보고 있었다. 카타르는 지휘관에게 다가가 물었다.

"이들은 왜 총살당하는가?"

"대전교도소에서 폭동을 일으킨 공산 게릴라이기 때문이오."

"이들은 재판을 받았소?"

"노인 양반, 이 사건에 대해 너무 많은 것을 알지 않는 게 좋을 겁니다."

카타르는 거칠게 옆으로 밀쳐졌다. 풀숲에 무릎을 꿇은 카타르는 죽은 자들을 위해 기도를 드렸다.

이런 참사는 대전에서만 빚어진 게 아니었다. 서울 북쪽을 제외

처형 당시 헌병들이 확인사살하는 모습.

하고는 국군이 후퇴하는 남쪽 전국에서 동시다발로 벌어졌다. 어떻게 비무장 민간인들을 이토록 처참하게 살해할 수 있었을까?

이승만, '처형'이라는 이름의 '무차별 학살'을 명하다

경기도 개성은 한국전쟁 첫날인 6월 25일 아침 9시에 인민군 수중에 들어갔다. 인민군에 의해 형무소에서 풀려난 보도연맹원들이 인민군에 협력해 우익인사들을 학살했다는 소문이 돌았다. 서울에서도 풀려나온 보도연맹원들과 좌익사범들이 설치고 다닌다는 소식이 이승만 귀에 들어갔다.

6월 28일 이승만 정부는 〈비상사태하의 범죄처벌에 관한 특별조치령〉을 공포했다. 이 조치의 골자는 계엄 하에서 좌익사범의 즉결처형을 인정한 것이다. 이때부터 평택 이남 모든 지역에서 주

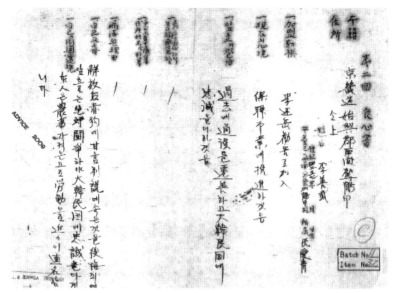

국민보도연맹 가입신청서. 이들의 명부가 살생부로 둔갑한다.

로 국민보도연맹원을 대상으로 공식적인 '처형'이라는 이름의 '학살'
이 마구잡이로 진행된다.

국민보도연맹은 정부 수립 이후 좌익에서 우익으로 전향한 사람
들의 선도방안으로 만든 정부 주도 조직이었다. 대한민국이 포용
한 사상범들을 '적'에게 협조할 것으로 '추측'하고 한반도에서 멸종
시키는 작전이 시작된 것이다.

남한 전역이 늦은 모내기로 바빴던 7월 중·하순 경, 전쟁이 발
발했다고 어렴풋이 소문만 듣고 있었던 보도연맹원들은 경찰과 우
익청년단의 소집 명령을 받았다. 그저 '정기적으로 실시하던 교육
이겠거니' 하며 경찰서와 지서로 갔던 이들은 단 한 명도 살아 돌
아오지 못했다. 국민보도연맹 가입자는 최저 10만에서 최고 30만

거제경찰서에 모인 국민보도연맹원들. 모두 처형돼 바다에 수장됐다.

명으로 추산되지만, 감이 빨라 도피한 극소수를 제외하고는 죄다 당시 시쳇말로 '골로 갔다'. 보도연맹원 대부분이 사상과 이념은 물론 좌·우익이 뭔지도 모르는 순진한 양민들이었다.

위 사진은 1950년 5월 6일, 한국전쟁이 터지기 직전에 경남 장승포에 있었던 거제경찰서에서 찍은 것이다. 이들 45명은 거제 지역에 사는 국민보도연맹원들이다. 사진 왼쪽 위에 '어제의 적은 오늘의 친우'라는 글귀가 보인다. 이들은 한때 빨치산에 속해 있었지만 자수해서 국민보도연맹에 가입했다. 이들은 모두 구속된 뒤 지심도 앞바다에 수장됐다. 후손들은 시체조차 찾지 못해 당시 돌아가신 날로 추측되는 음력 6월 11일을 제삿날로 정해 같은 날에 제사를 지내고 있다고 한다.

오른쪽 지도에 나타난 것처럼 민간인 학살은 전국 도처에서 벌어졌지만, 그 사실 자체가 역사에서 완벽하게 지워졌다. 정부는 유가족의 입에 재갈을 물렸다. 유가족들은 '빨갱이 가족'으로 몰릴까

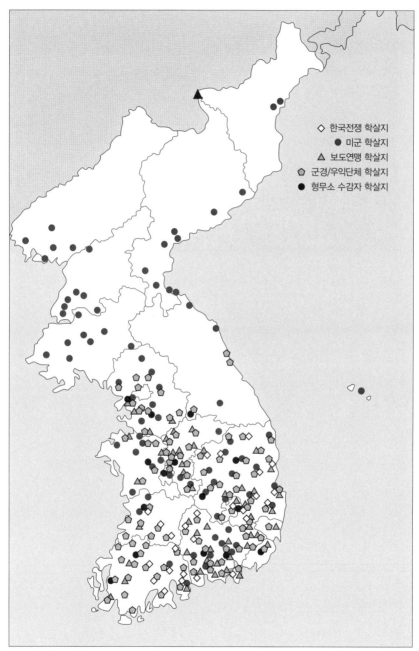

학살이 자행된 곳을 표시한 지도.

후퇴하는 인민군에 의해 학살된 가족을 찾고 있는 유족들. 1950년 함흥에서 찍은 사진이다.

두려워 쉬쉬하며 고향을 등지거나 자식에게조차 죽음의 진상을 알리지 않았다. 그래도 면서기조차 할 수 없는 연좌제의 꼬리표가 후손들의 앞길을 가로막았다.

전세가 역전되자 후퇴하는 인민군도 도처에서 양민을 학살하다

1950년 9월 15일에 인천상륙작전이 성공하면서 인민군이 후퇴하자 이번에는 정반대의 학살이 자행된다.

조선노동당은 인민군 전선사령부에 후퇴 명령과 함께 각 지방당에 '유엔군 상륙 시 지주가 되는 모든 요소를 제거하라'는 명령을 내렸다. 인민군은 대전형무소에서 9월 25일부터 사흘 간 수감자를 집단 처형했다. 수감자 500명의 시신이 형무소 안의 밭고랑과 우물 등에서 발견됐다. 특히 깊이 11.6미터, 둘레 6.3미터의 두 우물에서만 100여 구의 시신이 인양됐다. 정치보위부 건물인 프란치스코 수도원과 목동성당에서도 약 110명이 희생됐다. 용두산에서는 300미터 떨어진 대전형무소에서 끌려온 600여 명의 시신이 묻혀 있었다. 이 같은 참상은 최남단 남해 바닷가에서 북한의 청천강 일대, 원산~함흥에서까지, 말하자면 한반도의 거의 전역에서 저질러졌다.

도대체 역사상 어느 나라에서 단지 '적군에 협조할 것 같다'는 의심 하나로 이렇게 많은 양민을 죽였나? 나치 독일이나 일본 침략군도 남의 나라에 쳐들어가서 그 민족을 학살했지, 자기 국민들에게 총부리를 돌리지 않았다. 이승만 정권이나 김일성 정권 모두 자신들이 후퇴할 경우 모두 '반 이승만', '반 김일성' 기치 아래 봉기할 것을 우려한 것이다. 국민의 지지를 받지 못한 사악한 정권은 자신들이 상상할 수 있는 어떤 짓도 태연히 저지른다.

왜 국민을 적으로 간주했나?

1948년 11월 20일, 이승만 정부는 국가의 안전과 국민의 생존, 자유를 지킨다는 명분을 내세워 서둘러 국가보안법을 제정했다. 일제강점기에 악명 높던 치안유지법을 베껴 정부 전복을 목적으로 결사, 단체를 조직한 자는 3년 이상의 금고형이나 무기징역, 이에 가입한 자는 3년 이하의 징역에 처하도록 했다. 또 정부 전복의 목적을 가진 사항을 선전하는 경우에도 10년 이하의 징역형에 처하도록 했다.

이 법을 만들어놓고 1949년 한 해 동안만 잡아 가둔 국민이 무려 12만 명이나 되었다. 이에 따라 일제가 전국에 지어 놓은 수많

유엔군이 서울을 수복하면서 인민군과 부역자들을 색출해 연행하고 있다.

은 감옥이 다시 차고 넘쳤다. 웬만한 감옥에는 모두 정원의 2배 이상이 수용돼 있었고, 수감자의 80% 이상이 좌익사범이었다. 그러다가 한국전쟁이 터지자 개성과 서울에 있는 교도소를 제외한 전국의 좌익사범들이 1차 학살 대상에 오른 것이다.

2차 학살 대상이 바로 '보도연맹원'이다. 보도연맹의 '보'는 보호한다, '도'는 이끌어간다는 것이다. 보호해서 이끌어주겠다, 국가가 당신들을 보호할 테니 국가의 품 안으로 들어와라, 이런 뜻이다. 일제 때 이른바 '전향자'들을 모아 조직한 〈시국대응전선사상보국연맹〉을 본떠 만든 조직이다.

한국전쟁이 터지자 교도소 수감자들에 이어 두 번째로 보도연맹 회원들이 전국 곳곳에서 대규모로 학살당했다. 경찰서장이 큰 결심을 한 몇 개 지역을 제외하고는 전국 모든 지역에서 학살이 자

4개 종교 대표자들의 금정굴 위령제 합동기도. 금정굴은 경산 코발트 광산 집단 학살 사건처럼 수백 명, 수천 명의 유골들이 그대로 방치돼 있는 곳이다(사진 전승일 제공).

행되었다. 불법으로 민간인들을 학살했으니 공무원인 군경이 저질 러놓고도 아무 기록도 남기지 않았다. 자신들이 불법이란 걸 너무 도 잘 아니까 언제, 어디서, 누구를 죽였는지 기록을 하지 않았다.

세 번째로 각 지역마다 서로 죽고 죽이는 보복극이 속출했다. 지금도 방치돼 있고, 시민들이 자주 거론하는 사건이 경기도 고양 군 금정굴에서 자행된 학살이다.

1950년 9월 '곧 유엔군과 국군이 들어온다'는 소식을 듣고 태극 단동지회라는 우익 청년단체가 내무서(남한으로 치면 경찰서)를 공 격하려다 발각되어 38명이 학살당했다. 유엔군과 국군이 들어오 자 여기에 대한 보복이 자행되었다. 그 보복으로 학살된 주민들 의 뼈와 유해가 1995년 금정굴에서 대거 발견되었다. 그 인원이 400~500명이라는 설도 있고 1,000명에 달한다는 설도 있다. 이 유해들은 전국에 널려 있는 다른 학살 현장처럼 그냥 버려져 있다. 학살을 저지른 주역들의 성분도 중요한 변수다. 서중석 역사문제연구소 이사장은 이렇게 분석했다.

"이런 대규모 민간인 학살이 왜 해방 직후에 일어났느냐, 이건 학살을 자행한 사람들의 일본군이나 만주군 경험과 뗄 수 없는 관계가 있는 것 같다. 4.3사건을 보더라도 학살에 관련된 군 지휘관들이 과거에 일본군이나 만주군에 있었던 경우가 많다. 여순 사건도 마찬가지이고, 다른 학살 사례에서도 그런 경우를 발견할 수 있다. 일본군보다는 만주군 출신들이 더 잔인한 학살을 저질렀다."

만주에 주둔하던 일본군과 만주군 부대는 이른바 '토벌작전'을 벌이면서 다양한 잔혹 행위를 저질렀다. 그런 경험이 해방 후 한국에서 벌어진 민간인 집단 학살과 관련이 있다는 얘기다. 거창 양민 학살 사건을 저지른 국군 11사단의 작전 명령을 보자.

- 작전 지역 안에 있는 사람은 전원 총살하라
- 가옥은 전부 소각하라
- 식량은 안전 지역으로 운반하여 확보하라

이것은 일본군이 중국 대륙에서 벌인 삼광(三光) 작전과 흡사하다. 이 작전은 모두 쏘아 죽이고, 다 태워 죽이고, 다 굶겨 죽인다는 뜻이다.

도쿄전범재판이나 중국에서 열린 여러 재판에서 삼광작전을 비인간적 전쟁 범죄로 규정하고 단죄했다. 이 사라진 비인간적인 작전이 부활해 신생 대한민국의 국군에 의해 대낮에 공공연하게 자행된 것이다.

1.

"인민군은 우리 미군을 보면
정신없이 도망칠 거야"

_ 자만에 빠진 스미스부대, 오산전투에서 박살나다

한반도에서 전쟁이 발발해 미군이 참전한다는 소식을 들은 일본 주둔 미군들은 이렇게 얘기했다.

"한국이라는 나라가 어디에 있는 거야? 어리바리한 황인종들이 서로 죽고 죽이게 만들어주면 되는 거 아닌가?"

불행히도 이들에게 출동 명령이 떨어진다. 맥아더 사령부는 일본 규슈에 주둔하고 있는 24사단에 명령을 내렸다.

"주력부대가 한반도에 투입되기 전에 2개 소총중대와 대전차방어조, 1개 경포병대로 구성된 특수임무부대를 먼저 파견하라."

이렇게 해서 미 8군 제24사단 21연대 제1대대에서 차출한 '스미스 특수임무부대'가 최초로 한국전쟁에 참가했다. 지휘관 스미스 중령의 이름을 딴 스미스부대는 2개 보병 중대 406명이 각각 실탄

대전역에 도착한 스미스 특수임무부대. 이때만 해도 한 방에 인민군을 물리칠 것처럼 의욕에 넘쳤다.

120발과 씨레이션 이틀분만 갖고 왔다. 이 작은 부대에게 탱크로 중무장한 인민군 1개 사단을 상대하라는 것이다.

그래도 부대원들의 사기는 높았다. 다들 "인민군은 미군이 참전했다는 사실만 알면 정신없이 도망갈 것"이라 굳게 믿었다. 스미스부대는 1950년 6월 30일 수송기를 타고 일본에서 부산 수영비행장으로 날아 왔다. 이어 기차를 타고 7월 2일 대전에 도착한 뒤 7월 4일 오산에 진지를 구축했다.

스미스부대, 지원부대도 항공 지원도 없이 외로이 싸우다
오산 북쪽 죽미령에 진을 친 스미스부대는 전 전선에 걸쳐 가장 북쪽에서 홀로 적과 상대하는 외로운 처지에 놓였다. 다행히 52포병대가 도착해 1.8킬로미터 뒤에 야포를 설치했다. 이어 남쪽 서정

인민군 탱크를 향해 스미스부대원들이 바주카포를 쏘고 있다. 탱크에 상처만 입혔다.

리에 도착한 국군 17연대에게 같이 싸울 것을 요청했으나 석연치 않은 이유로 거절당했다. 결국 죽미령에 있는 스미스부대 6킬로미터 뒤에 2개 대대 1,412명으로 구성된 17연대가 배치됐고, 그 남쪽 평택에는 스미스 부대의 원래 소속 부대였던 미 24사단 34연대가 전투를 기다리게 되었다.

　다음 날 아침 7시 30분에 남하하는 인민군 4사단의 모습이 잡혔다. 30분이 지나자 8대의 탱크가 한 묶음이 되어 다가오고 있었다. 먼저 후방에 있는 포병 부대에서 고폭탄을 잇달아 발사했으나 탱크는 멈추지 않고 계속 굴러왔다. 스미스 부대는 가까이 접근한 탱크에 75밀리 무반동총과 2.36인치 바주카포를 마구 쏘아 댔다. 하지만 두꺼운 철판을 두른 T-34 탱크를 파괴할 수 없었다. 마지막으로 105밀리 직사포로 공격하자 2대의 탱크가 주저앉았다.

이 사이에 33대의 탱크가 진지를 통과해 후방에 구축된 포병부대로 몰려갔다. 인민군 전차가 지나가자 미군들은 "저 친구들이 우리를 못 알아봤기 때문에 지나간 것이지, 미군이 왔다는 사실을 알면 다시 돌아갈 거야."라고 떠들어댔다. 포 진지를 쑥밭으로 만든 탱크들은 계속 남쪽으로 달려가 국군 17연대와 미 34연대를 공격한다.

한편 탱크가 지나간 죽미령에는 기분 나쁜 정적이 감돌았다. 1시간 후, 이번에는 긴 행렬의 트럭과 보병이 접근해 오는 것이 보였다. 보병의 행렬은 10킬로미터에 달했다. 서울을 점령한 인민군 최정예부대인 4사단의 주력부대였다. 인민군 호송트럭이 가까이 접근하자 스미스 중령이 명령을 내렸다.

"저들을 엄벌에 처하라."

박격포와 칼(Cal)50 기관총이 불을 뿜었다. 인민군 트럭에 불이 붙고 어떤 병사들은 공중으로 날아갔다. 곧장 3대의 탱크가 접근해 포와 기관총을 난사했다. 인민군 병사들은 트럭에서 내려 총을 쏘며 포위망을 만들기 시작했다. 전투는 3시간이나 계속되었다. 스미스부대는 포병과 연락도 끊기고 총알도 떨어져 더 이상 싸울 수 없었다.

자만했던 미 24사단, 패주에 패주를 거듭하다

스미스 중령은 오른쪽에 있는 C중대를 먼저 철수시켰다. 그러나 B중대의 2소대에는 철수 명령이 전달되지 않았다. 중상자들은 어쩔 수 없이 포기했다. 다들 뿔뿔이 흩어져서 안성을 거쳐 천안으로 후퇴했다. 540명(포병부대 포함)의 스미스부대원 중 150명이 전사

인민군 탱크의 공격을 받자 사기를 잃고 천안으로 도망치는 미 34연대. 결국 역사속에서 사라진다.

하고 31명이 실종되고 대부분의 장비가 인민군 수중에 들어갔다. 이렇게 많은 피해를 입고 스미스부대가 올린 성과는 불과 7시간 동안 적의 진격을 지체시킨 것이다.

한편, 스미스부대 후방에서 인민군과 전투를 벌였다는 국군 14연대의 사망자는 고작 2명(또는 6명)이다. 제대로 전투 한 번 못하고 탱크의 공격을 받자 정신없이 도망친 것으로 추정된다. 14연대 후미에 포진하고 있었던 미 34연대도 마찬가지였다.

스미스부대가 참담하게 깨졌다는 소식을 듣고 다들 충격에 휩싸였다. 결국 인민군 탱크가 나타나자 전의를 상실하고 정신없이 서둘러 천안으로 후퇴한다. 이 부대는 그 뒤의 연이은 전투에서 급속히 붕괴돼 완전히 해체되고 만다.

미 24사단은 대전으로 밀려갔다가 인민군의 우회 포위 전술에

인민군의 포로가 된 스미스부대원들.

휘말려 겨우 옥천으로 빠져나가는 데 성공한다. 이 대참패에 이어
이번에는 딘 사단장이 인민군의 포로가 되는 수모를 겪는다. 딘
소장은 최전선에서 바주카포까지 쏘면서 부대를 지휘했지만 낙오
되면서 포로가 되어 휴전이 돼서야 돌아올 수 있었다.

스미스 특수임무부대는 임무를 완수했나?

아무리 적을 얕잡아보았다 해도, 수만 명이 몰려오는데 달랑
540명의 부대를 최전선에 배치한 의도를 알 수가 없다. 미군이 한
국전쟁에 참전한 것을 눈으로 보여주면 인민군이 놀라서 도주할
것이라는 오만의 늪에 빠진 것이 아닐까? 오산전투의 뼈아픈 패배
에도 불구하고 맥아더 사령부는 넉 달 후 청천강 이북으로 올라갈
때 똑같이 오만에 빠져 다시 한 번 형편없이 박살난다(215쪽 참조).

미군의 참전에 놀랐으나 사기가 오히려 올라갔다고 증언한 인민군 2군단 작전참모 이학구 총좌(국군으로 치면 육군 준장)(위). 패전을 기록하고 있는 미 육군사관학교 워싱턴 홀의 스테인드글라스화(아래).

훗날 낙동강 전선에서 포로가 된 인민군 제2군단 작전참모였던 이학구 총좌의 증언을 들어보자.

> "그때 미국이 전쟁에 개입할 것이라고는 전혀 생각하지 않았다. 그래서 오산에 미군이 와 있다는 소식을 듣고 다들 놀랐다. 그러나 초전에 격파해 두려워하지 않게 되었다."

맥아더 사령부의 의도와는 달리 '미군에게 한 방 먹였다'는 자신감만 불러일으킨 것이다.

미 육군사관학교의 워싱턴 홀에는 미군이 참전한 여러 전투를 기념하기 위해 그려 넣은 스테인드글라스가 벽에 장식돼 있다. 이 그림들의 공통점은 모두 한심한 이유로 미군이 패전한 전투라는 점이다. 그중 하나가 스미스 부대의 '오산전투'다. 그만큼 미군 역사에 커다란 오점을 남긴 충격적인 패배라는 사실을 인정한 것이다. 승전이 아닌 패전을 영원히 기억하기 위해 노력하는 자세를 보면 미군의 저력을 절감하게 된다.

8.

맥아더,
세상의 비웃음거리가 되다

_ 어리석은 원산상륙작전, 미군·소련군·일본군이 뒤엉킨 원산 앞바다

맥아더 장군과 관련해 다음과 같은 신화가 있다.

트루먼 행정부의 미군 철수와 딘 애치슨 국무장관의 경솔한
발언 때문에 김일성이 남침을 강행해 대한민국이 지도에서
없어질 뻔했다. 그러나 맥아더 장군의 탁월한 전략 덕분에
전세를 되돌려서 오히려 통일을 이룰 기회를 맞았다가 중공
군이 남침을 해서 다시 후퇴하게 되었다. 이때 트루먼 대통
령이 맥아더 장군을 파면해서 우리나라는 다시 분단국가가
되었다.

과연 정말로 그럴까? 이는 역사적 사실과 다른 이야기다. 맥아

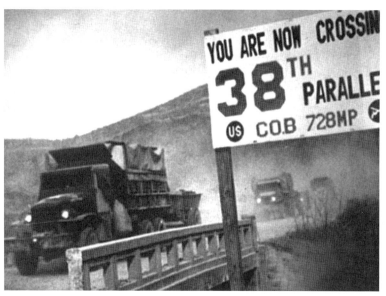
1950년 12월 38도선에서 퇴각하는 유엔군의 모습.

더의 효용 가치는 그가 밀어붙여 성공을 거둔 인천상륙작전이 끝나면서 사실상 사라져버렸다. 이후 그의 '오만한' 영웅 의식이 한국전쟁 전체를 망쳐버린다.

맥아더의 첫 번째 실수는 중국의 참전 의지를 과소평가한 것이다. 중국은 이미 인천상륙작전 한 달 전인 1950년 8월 중순에 약 25만 명의 대군을 압록강 북쪽에 배치한 상태였다. 그리고는 9월 25일과 10월 3일에 중국 수상 저우언라이가 주중 인도 대사를 불러 "중국은 미군이 38도선을 넘는 것을 좌시하지 않겠다."고 미국 정부에 경고했다. 한국군만 38도선을 넘어 북진하면 중국은 참전하지 않겠다는 뜻이다. 그러나 맥아더는 중국의 경고를 무시하고 유엔군 전체에게 압록강과 두만강까지 진격하라고 명령했다.

두 번째 실수는 유엔군을 둘로 쪼개 북상시킨 최악의 작전이었다. 인천상륙작전이 성공하자 워커 미 8군사령관은 서울을 점령한 미 10군단을 배속받아 북진의 선봉대로 세우려고 했다. 낙동강에서부터 북상하던 미 1군단은 아직 수원 남쪽에 있었고 미 9군단은 군산까지 진출해 있었기 때문이다. 따라서 서울에 있는 미 10군단이 평양으로 진격하면 미 1군단이 평양 동쪽으로 올라가 원산으로 방향을 전환한다는 계획이었다. 동시에 국군 1군단이 동해안을 따라 북진해 원산에서 미 1군단과 합류하면 북한의 가장 좁은 길목인 평양-원산 축을 장악할 수 있다고 판단한 것이다.

이 계획은 미국의 합동참모본부나 대다수 지휘관의 지지를 받았다. 그러나 인천상륙작전 성공으로 한껏 오만해진 맥아더는 엉뚱한 계획을 내밀었다. 10월 2일 맥아더의 명령이 하달됐다.

> "미 8군단은 38선을 돌파해 개성-사리원-평양으로 진격하고, 미 10군단은 다시 배를 타고 원산에 상륙해 함경도 지역으로 올라간다."

대한민국 국군, 쾌속도로 원산으로 질주하다

유엔군이 서울을 수복한 다음 날인 1950년 9월 29일, 정일권 육군 참모총장이 가장 북쪽에 진출해 있는 동해안의 김백일 1군단장에게 전화를 걸었다.

"38선 인근에 국군의 작전을 방해하는 적의 요충지가 있나?"

"3사단 정면에 있는 하조대에 적이 저지선을 구축했습니다."

정일권은 워커 미 8군 사령관에게 3사단이 38선 인근의 북한군

1951년 4월 3일 유엔군 사령관 해임을 8일 앞두고 맥아더 원수(조수석에 앉은 이)가 리지웨이(왼쪽 첫째) 장군과 함께 전선을 시찰하고 있다.

방어 진지로부터 사격을 받아 큰 손실을 입고 있으니 공격을 허락해달라고 요청했다. 워커는 대수롭지 않게 생각하고 수락했다. 본의 아니게 38선 돌파를 허락한 셈이었다. 쾌재를 부른 정일권은 재빨리 북진 명령을 내렸다.

10월 1일 새벽 5시, 제3사단 23연대가 제일 먼저 38선을 돌파해 오후 2시에 양양에 돌입했다. 거의 동시에 서쪽에 있던 수도사단 18연대도 양양에 입성했다. 기다리던 통일의 길이 열린 것이다. 대한민국은 이날의 감격을 기리기 위해 10월 1일을 '국군의 날'로 정한다. 3사단과 수도사단은 경쟁적으로 북쪽으로 내달리면서 열흘 만에 동해안의 최대 요충지인 원산을 점령했다.

미국 정부는 9월 29일까지 북진을 승인하지 않았고, 북진을 승인한 유엔 결의가 10월 7일에 나왔으니 국군의 북진은 사후 승인

원산 앞바다에서 기뢰를 제거하다 폭발하는 미군 함정.

을 받은 셈이다. 물론 정일권의 작전은 이승만 대통령과의 사전 교감에 따른 것이다.

　한편 인천상륙작전에 참가해 서울에 진출한 미 10군단은 온갖 혼란을 겪은 끝에 인천과 부산을 출발해 군함을 타고 원산 앞바다로 접근했다. 1950년 10월 19일 미 해병1사단 등 10군단 병사들을 실은 대형 함정들이 원산 앞바다에 하나둘 모습을 드러냈다. 그러나 뜻밖의 복병이 이들을 기다리고 있었다. 원산을 상륙 예정지로 정확하게 예측한 소련군이 10월 4일까지 원산만에 기뢰 3,000기를 깔아놓은 것이다. 이를 제거하기 위해 본국에 요청해 구축함 1척, 소해구축함 2척, 고속수송함 1척, 그리고 쉬쉬 하며 일본 소해정 8척을 지원받았다. 기뢰를 제거하다 두 척의 미군 소해구축함과 한국 해군 516정, 일본 소해정 19호가 침몰됐다. 그 사이에 배에 탄 미군들은 뱃멀미에 시달리며 코미디언 밥 호프의 조롱 섞인 공연이나 보며 시간을 때우고 있었다.

육지에서는 이미 미 10군단보다 먼저 원산을 점령한 한국군의 쾌거를 축하하는 파티가 열리고 있었다. 술에 취한 워커 미 8군 사령관은 "지금 이 시간에 한국군의 쾌거를 모르는 멍청한 군단 하나가 바다에 떠 있구나." 하며 자축하고 있었다.

10월 25일, 마침내 미 10군단은 원산에 상륙했다. 아무 의미 없는 '행정상륙'이었다. 원산은 이미 보름 전에 한국군이 휩쓸고 지나간 후방으로 변해 있었다. 전황이 시시각각으로 바뀌는 치열한 전쟁의 와중에 귀중한 병력을 한 달 동안 도로와 바다에다 썩힌 셈이다. 원산에 상륙한 스미스 해병 1사단장이 코멘트를 남겼다.

"이번만은 역사가 우리보다 앞서 갔다."

유엔군을 둘로 쪼갠 맥아더, 중공군에게 참패하다

부대를 둘로 쪼개 미 8군은 평양을 거쳐 북진하도록 하고, 10군단은 원산에 상륙해 장진호 지역을 거쳐 압록강으로 진격하도록 한 맥아더의 해괴한 작전 명령은 지금까지도 호된 비판을 받고 있다. 좁은 한반도 지형상 부대를 쪼갤 필요도 없었다. 서울에 진출한 10군단을 다시 인천과 부산으로 빼내어 한반도를 한 바퀴 빙 돌아서 상륙 작전 형태로 원산으로 진입하도록 한 것이 큰 실책이었다. 앞서 보았듯이 이미 동해축선으로 북진하던 국군 제1군단이 빠른 속도로 원산에 접근하고 있었기 때문이다. 그러나 이 같은 문제점은 인천상륙작전의 성공으로 신격화되어 있는 맥아더에게 제대로 건의되지 못했다.

미 해병 1사단이 원산에 상륙하는 모습. 이미 보름 전에 한국군이 휩쓸고 지나가 텅 빈 바닷가였다.

그 결과는 어땠는가? 워커 장군의 미 8군은 평양을 점령하고 청천강 북쪽으로 올라갔으나 기다리던 중공군 대군으로부터 기습 공격을 받았다. 중공군의 포위망에 갇힌 미 8군은 궤멸적인 타격을 받고 미군 역사상 유례없는 치욕적인 후퇴를 해야만 했다. 군함을 타고 원산항으로 진출한 10군단은 한국군이 휩쓸고 지나간 텅 빈 해안에 상륙하는 수모를 겪어야 했다. 그 뒤 장진호 방향으로 진출하다 해병 1사단만 혹한 속에서 10배나 많은 중공군을 패퇴시키고 흥남으로 철수할 수 있었다. 하지만 10군단에 배속됐던 미 육군과 한국군은 큰 타격을 받았으니 맥아더의 독선과 잘못된 작전 때문에 크나큰 대가를 치른 셈이다.

서울 수복의 선봉에 섰던 해병 5연대 태플릿 중령은 회고록에서 이렇게 썼다.

"평양-원산-흥남/함흥을 점령한 우리가 왜 군사적 가치도
없는 압록강까지 올라가서 중공군을 자극해야 했는지 이해
할 수 없었다."

전쟁역사학자인 베빈 알렉산더는 "유엔군을 둘로 쪼개지 말고
평양과 원산을 잇는 선까지만 북상하도록 분명하게 지시했더라면
중공군이 개입할 이유는 없는 것이고, 유엔군은 방어하기 쉬운 평
양과 원산을 연결하는 전선을 유지할 수 있을 것"이라고 평가했다.
맥아더의 오만 때문에 대한민국은 통일할 수 있는 유일한 기회
를 잃어버렸다.

III.

통일의 꿈은
사라지고

분단에서 베트남 참전까지

경복궁과 종묘는
어떻게 살아남았나?

_ 풍비박산 난 드레스덴과 폭격을 피한 서울과 교토의 엇갈린 운명

2차대전이 막바지로 치닫던 1945년 2월 13일 밤.

총 234대로 구성된 영국 랭커스터 폭격기들이 독일 동부에 위치한 바로크풍의 오래된 도시 드레스덴으로 날아왔다. 이들은 군사시설이건 공장이건 주택가건 가릴 것 없이 무차별 폭격을 가했다. 폭탄의 70%는 소이탄이었다. 소이탄은 사람이나 건물을 불태우기 위해 휘발유와 황 등을 집어넣어 제조한 살상무기다.

3시간 후 다시 538대의 영국 폭격기들이 날아와 불타고 있는 도시 주변부를 폭격했다.

다시 10시간 후, 이번에는 미국의 B-17 폭격기 311대가 도시의 하늘을 뒤덮고 3차 폭격을 실시했다. 이 세 번의 공습으로 18세기의 아름다운 건축물들이 지구상에서 영원히 사라졌고, 최소한 3만

드레스덴 시가지에 소이탄을 퍼붓는 연합군 폭격기들.

8,000명(연합군 공식 발표)의 시민이 불과 고열 속에서 녹아버렸다.

당시 참상을 전하는 글들을 보면, 도심의 온도가 1,500도로 높아져 열효과로 거대한 돌풍이 일어나 수많은 사람들이 불기둥 속으로 빨려들고, 도로를 따라 탈출하려던 사람들 중 일부는 녹기 시작하는 도로에 발이 달라붙어 움직일 수 없어 그대로 타서 죽었다고 한다.

왜 이런 참사가 발생했나?

독일을 기준으로 서부전선과 동부전선의 전황은 확연히 달랐다. 노르망디에 상륙한 이후 미군과 영국군은 순조롭게 독일 국경을 넘어 베를린으로 진군하고 있었다. 저항은 미미했다. 그러나 소련군이 맡고 있는 동부전선은 상황이 달랐다. 소련의 무자비한 보복을 두려워한 독일군이 악착같이 싸우고 있었다. 소련군의 느린 진격에 격분한 스탈린은 연합군에게 독일군의 압력을 분산시켜 달라고 요청했다. 영국의 처칠 수상은 고심 끝에 독일의 전쟁 의지를 꺾기 위해 대도시 하나를 골라 지도상에서 지우기로 결정했다. 이렇게 해서 선택된 도시가 작센 왕국의 수도이자 '엘베의 피렌체'로 불리던 아름다운 고도(古都) 드레스덴이었다.

"인류 문화의 걸작 교토를 폭격 대상에서 지워라"

1944년 여름에 사이판과 괌, 티니언 등 마리아나 제도를 정복한 미군은 드디어 일본 본토를 폭격 사정권에 넣었다. 이때부터 시작된 B-29 폭격기의 소이탄 투하는 일본 전역을 불바다로 만들었다. 그 절정은 드레스덴이 폐허가 된 지 한 달 후인 1945년 3월 9일의 도쿄 공습이었다. 이날 하루에만 도쿄 시민 10만 명이 목숨을 잃었다. 이어 11일 나고야, 13일 오사카, 16일 고베, 19일 나고야 2차 공습. 열흘 동안 공습이 계속되면서 일본의 대도시는 온통 불길에 휩싸였다.

6월부터는 소규모 중소도시까지 잿더미로 만들었다. 이렇게 해서 일본의 대도시 50여 곳이 쑥밭이 됐지만 5개 도시는 예외였다. 교토, 히로시마, 니가타, 고쿠라, 나가사키가 그것이었다.

교토를 제외한 4곳은 원자폭탄 투하를 위해 남겨둔 도시였다. 그렇다면 왜 교토는 폭격 대상에서 제외됐을까? 바로 당시 전쟁부 장관이었던 헨리 스팀슨의 강력한 반대 때문이었다.

스팀슨은 1893년에 일본 교토로 신혼여행을 갔다. 여기서 천년 고도의 아름다움에 취했고 일본인들의 정직과 예절에 반했다고 한다. 그래서 스팀슨은 교토를 제외시켰다. 일본의 정신이 담긴 이

교토에 있는 뵤도인(平等院). 지붕에 두 마리 봉황이 있다. 물에 건물이 비쳐 아름다움을 더해준다(사진 CBS 김영태 기자 제공).

도시를 파괴하면 민심이 흉흉해져 전후 관리가 어렵다는 것이 공식적인 이유였다. 원폭투하지 선정위원회는 제외된 교토 대신에 나가사키를 집어넣었다.

1945년 8월 6일 새벽, 사이판 옆에 있는 티니언 섬을 출발한 미군의 B-29 폭격기가 오전 8시 15분 히로시마 상공에서 우라늄 폭탄을 투하했다. 이어 8월 9일 새벽, 소련이 일본에 선전포고를 하고 만주를 침공했다.

이날 오전, 티니언을 이륙한 미군 B-29 폭격기가 요코하마 상공에서 호위 전투기와 합류한 뒤 목표지인 북규슈 고쿠라 상공에 도착했다. 고쿠라의 하늘은 안개와 연기에 덮여 있었다. B-29는 몇 번 상공을 선회했으나 투하 목표물을 육안으로 볼 수가 없었다. 기장은 B-29를 대체 목표지인 나가사키로 돌렸다. 여기도 구름에 덮여 있었다. 기름이 줄어들자 B-29가 마지막으로 상공을 선회하는데 순간 구름이 갈라지면서 아래로 미쓰비시 중공업이 보였다. 그곳을 향해 '팻맨'이란 별명을 가진 플루토늄탄을 투하했다. 고쿠라와 나가사키, 두 도시의 운명이 갈리는 순간이었다.

스팀슨 장관의 주장에 따라 교토는 B-29 폭격 대상은 물론 원자폭탄 투하 후보지에서 빠질 수 있었다. 교토가 간직하고 있는 1천 년이 넘은 목조 사찰 등 각종 문화재는 현재 유네스코 세계문화유산으로 등재되어 있다.

조선 500년 유산을 지킨 주일 공사와 미 육군 중위

인천상륙작전을 앞둔 1950년 9월 초. 김용주 주일 공사는 인민군의 저항을 분쇄하기 위해 미 공군이 서울을 대대적으로 폭격할 것이라는 소문을 들었다.

"그러면 조선을 상징하는 소중한 경복궁과 창덕궁, 덕수궁, 종묘와 사직단의 운명은 어떻게 되는 건가?"

도쿄에 있는 맥아더 사령부를 찾아간 김 공사는 맥아더 장군과 참모들과 자리를 함께했다. 김 공사가 입을 열었다.

"장군님, 이번 작전에서 서울에 대한 폭격을 피할 수 없습니까?"

"그건 공사의 인식 부족입니다. 원래 도시란 파괴된 뒤에 새로운 도시로 재건하는 겁니다. 한국의 경우 우리 미국이 책임을 지고 재건을 도와줄 계획이 있으니 서울은 이상적인 현대도시로 탈바꿈할 것입니다."

"서울에는 다른 특수 사정이 있습니다. 오랜 전통문화를 가진 서울의 찬란한 문화재와 고적을 파괴할 수 없습니다."

조선의 마지막 문화유산 덕수궁. 한 미군 장교의 영민한 판단 때문에 살아남는다.

김 공사는 지도를 펼치고 덕수궁과 창덕궁, 숭례문을 표시해가며 4대문 안 도심을 보호해달라고 간청했다. 결국 9월 9일부터 13일까지 서울을 폭격할 때 을지로를 경계로 그 북쪽은 폭격에서 제외되었다. 이렇게 해서 조선 500년의 숨결이 담긴 광화문 일대는 우리 곁에 남게 되었다. 반면 평양은 건물 한 채만 남긴 채 폐허로 변해버렸다. 북한은 40만 명이 살던 평양에 전쟁 중에 42만 발의 폭탄이 떨어졌다고 주장하고 있다.

한편, 서울수복작전이 진행되던 시기에 미 육군의 제임스 해밀턴 딜 중위는 인민군이 주둔해 있는 덕수궁을 폭격하라는 명령을 받았다. 해밀턴 중위는 명령을 어기고 인민군이 모두 빠져나와 을지로를 지날 때 공격을 개시해 덕수궁을 점령했다. 전쟁이 끝난 뒤 그는 "아무리 전쟁 중이라도 한 나라의 궁궐을 함부로 훼손할 수

한국전쟁으로 폐허가 된 경복궁 앞 세종로 일대.

없었다."고 회고했다.

전쟁의 참화 속에서 드레스덴이란 도시는 사라지고, 같은 시기에 먼 동쪽에 있는 교토가 살아남은 이유는 무엇인가? 또 건물 하나만 남긴 채 폐허로 변해버린 평양과 달리 아직까지 조선 500여 년의 숨결을 간직하고 있는 광화문 일대는 어떻게 보존된 것인가? 그것은 전쟁의 승패를 떠나 전 인류의 영원한 문화 유산을 지키고자 했던 이들의 소중한 마음 덕분이다.

2.

맥아더의 오판이 부른 참사,
청천강 전선 붕괴되다

_ 정신없이 후퇴한 아군, 지쳐서 못 쫓아간 중공군

　　인천상륙작전을 통해 전세를 뒤집은 유엔군사령부는 평양마저 쉽게 점령하자 자만에 빠졌다. 중국의 저우언라이 총리가 미군이 38선을 넘으면 참전하겠다고 경고했으나 이를 무시했다. 미 육군은 한국에 투입한 2사단을 유럽에 배치할 궁리를 하고 있었고, 미 8군의 워커 사령관은 탄약 공급을 줄여 달라고 요청할 정도였다. 이런 분위기에 휩쓸려 모든 부대가 제각기 중국과의 국경을 향해 무질서하게 레이스를 펼쳤다.

　　선두는 국군 6사단이었다. 마침내 7연대가 1950년 10월 26일 오후 2시 15분에 압록강에 진출했다. 만세를 부른 국군은 이승만 대통령에게 보낼 압록강 물을 수통에 담았다. 이때 사단본부에서 연락이 왔다.

평양을 점령한 후 쾌속도로 압록강을 향해 진군하는 국군. 앞과 옆, 뒤에 중공군이 포진하고 있다는 걸 까마득히 몰랐다.

"포위됐으니 무조건 철수하라!"

이 시간에 뒤를 따르던 제2연대가 퇴로를 차단당한 후 순식간에 무너져버렸다. 포위망에 갇힌 7연대는 형체도 없이 박살난 후 뿔뿔이 흩어졌다. 국군 6사단이 위기에 봉착한 순간, 그 왼쪽에서 북진하고 있던 국군 1사단도 맹공격을 받고 진격을 멈췄다. 상황을 파악하지 못한 8군사령부는 미 1기병사단에게 국군을 추월해 선두에 서라고 지시했다. 그러나 중공군은 이미 우측의 한국군을 관통한 후 우회해 1기병사단의 퇴로를 차단한 상태였다. 기병사단은 서둘러 철수했으나 맨 앞에 행군하던 3대대는 포위망에 갇혔다. 결국 3대대 구출을 포기하고 청천강 남쪽으로 철수했다.

미 육군 역사상 대대 전체를 포기하고 철수한 건 처음 있는 일

1950년 11월 2일 중공군의 1차 공세 때 후퇴 길목에 매복해 있던 중공군이 미군 장교를 생포하는 장면.

이었다. 이것이 이른바 중공군의 '1차 공세'이다. 어떻게 해서 이런 참사가 발생했을까?

자만에 빠진 미국 수뇌부, 중국을 얕보다

중공군의 공세가 시작되기 열흘 전, 하와이 서쪽의 웨이크섬.

군 통수권자인 트루먼 대통령이 휘하의 사령관을 만나러 멀리 워싱턴에서 날아왔다. 기이한 회담이다. 그만큼 전쟁 영웅 맥아더의 위상은 하늘을 찔렀다. 의례적인 덕담을 나눈 다음 트루먼이 맥아더에게 물었다.

"중국이 개입할 가능성은 얼마나 된다고 보십니까?"

"가능성은 아주 적습니다. 압록강을 넘을 수 있는 병력은 5, 6만 명에 지나지 않습니다."

전투에서 승리한 후 만세를 부르는 중공군. 공군이나 현대식 무기는 없었지만 우회 침투, 야간 공격에 능했다.

그 시각에 만주에서는 유엔군을 박살내기 위해 중공군 선발대 30만 명이 압록강변으로 집결하고 있었다.

1950년 10월 19일 유엔군이 평양을 점령했다. 바로 그날 밤부터 중공군이 압록강을 건너기 시작했다. 이들은 청천강 북쪽 산악 지대에 조직적으로 흩어져 미군과 한국군이 깊숙이 진격해 자루 안에 들어오기만을 기다렸다. 이들을 지휘하는 사령관은 일본군과 장제스 군대와 전투를 치르면서 용맹을 떨친 중공군 최고의 전략가 펑더화이(彭德懷)였다.

그가 주석 마오쩌둥으로부터 받은 지침은 하나였다.

"허약한 한국군을 섬멸한 후 우회해 미 8군의 퇴로를 차단한 다음 포위 공격을 한다."

첫 전투에서 한국군 6사단과 미군 제1기병사단에게 궤멸적 타격을 가한 중공군은 1주일 만에 홀연히 사라졌다. 하지만 북한을 떠난 것이 아니었다. 산속 깊숙이 들어가 유엔군이 더 큰 덫에 걸려

지하 땅굴에 차려진 중공군 사령부를 방문한 김일성(가운데)과 펑더화이 중공군 총사령관(그 오른쪽).

들기만을 느긋하게 기다리고 있었다. 이 미끼를 맥아더 사령부가 덥석 물고 말았다.

당시 30만 명에 달하는 중공군이 들키지 않고 한반도에 들어왔고 18만여 명이 청천강 북쪽에서 대기하고 있었다. 동쪽에서는 12만 명이 개마고원으로 진군하는 미 10군단을 기다리고 있었다. 밤마다 조용히 이동하는 거대한 중공군은 '그림자 없는 유령'으로 불렸다.

중공군이 사라지자 맥아더는 대통령에게 밝힌 자기의 판단이 옳다고 믿었다. 맥아더는 장병들에게 "크리스마스까지는 고향에 돌아갈 것"이라고 선언했다.

이 순간에 펑더화이는 유엔군이 공격해 들어오면 깊숙이 유인한 후 국군을 먼저 격멸하고 미군의 후방에 파고들어 타격을 입힌다

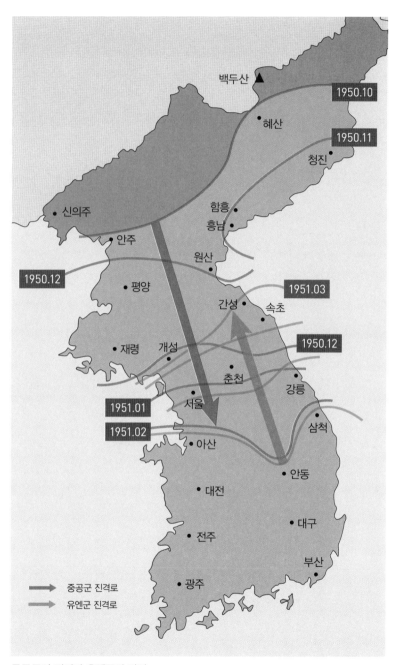

중공군의 진격과 유엔군의 반격.

중공군은 산악지대를 빠르게 돌진해 적의 탈출구를 막는 데 선수였다.

는 작전 계획을 세웠다. 그리고 공세를 강화해 유엔군을 평양-원산 선까지 밀어버린다는 대담한 계획을 짠 것이다.

마침내 11월 24일 오전 10시, 청천강 북쪽에서 유엔군이 공세를 시작했다. 자루 입구를 지나 그 안으로 유엔군이 꾸역꾸역 밀고 들어왔다. 다음 날 대규모 중공군이 사방팔방에서 공격을 개시하며 자루의 끈을 묶어버렸다. 이번에도 주 목표는 가장 오른쪽에서 북진하는 국군 2군단이었다. 2군단은 배후가 봉쇄되자 일거에 무너져 내리기 시작했다. 이 틈을 타서 중공군은 미 8군의 퇴로인 덕천과 맹산 일대로 파고들어 미 8군 전체가 위기에 빠졌다.

미 2사단, '죽음의 계곡'에서 전멸하다

결국 유엔군 지휘부는 공세 나흘 만인 11월 28일 철수 명령을 내렸다. 청천강 상류에 있던 미 제2사단도 남쪽으로 철수하라는 명령이 내려왔다. 카이저 사단장은 정찰대를 남쪽 순천으로 이어지는 길로 보내 상황을 보고하도록 했다. 양쪽 산 위에 포진해 있던 중공군은 정찰대를 건드리지 않고 그대로 통과시켰다. 2사단 본진이 오기만을 기다린 것이다.

덫인 줄은 꿈에도 모른 채 9연대, 사단 본부, 포병과 지원부대, 38연대, 국군 3연대, 국군 23연대가 차례로 들어왔다. 이들이 험준한 계곡으로 이어진 '죽음의 계곡'에 들어서자 10킬로미터에 걸쳐 중공군의 집중사격과 수류탄 공격이 이어졌다.

미군 사단 하나가 모래성처럼 무너졌다. 더 충격적인 사실은 누구 하나 적에게 총을 쏘지 않았다는 것이다. 공황 상태에 빠진 2사단 장병들은 충격 때문에 제정신이 아니었다. 이 전투로 미 2사단은 3,000명의 사상자가 발생하고 모든 장비를 잃어 부대 자체가 사라져버렸다. 그나마 이 정도 피해로 그친 것은 중공군에게 중화기가 없었기 때문이다.

20일 만에 200킬로미터, "무조건 후퇴!"

2사단이 궤멸되자 유엔군 전체가 두려움에 휩싸였다. 적에 대한 두려움은 그 어떤 바이러스보다 치명적이었다. 지휘관들까지 정신이 나갔다. 전열을 수습해 지형상 폭이 좁은 평양-양덕-원산을 잇는 저지선을 만들었어야 했다. 그러나 퇴각 명령이 떨어지자 모든 전선에서 무질서한 후퇴가 진행됐다. 다들 평양도 버리고 임진강 남쪽으로 달려갔다. 불과 20일 만에 200킬로미터 떨어진 38선까지 단숨에 뛰어갔다.

그 뒤를 쫓는 중공군은 적군을 만나지 못했다. 차량이 없어 기동력이 떨어졌기 때문이다. 중공군은 당연히 유엔군이 평양-원산

군우리에서 중공군의 급습을 받아 궤멸된 미 2사단의 잔해.

을 잇는 선에서 저항할 것으로 예상했지만, 적군은 사라져 버렸다. 추격을 하고 싶어도 중공군은 너무 지쳐 그 자리에 주저앉았다. 이렇게 해서 통일의 꿈은 멀어져 갔다.

　동부전선인 함경도에서는 다른 형태의 전투가 벌어지고 있었다. 이어 맥아더가 해임되고 새로운 지휘관이 부임하면서 전쟁의 양상은 바뀌게 된다. 함경도에서 벌어진 전투의 주역은 다음 이야기에서 펼쳐지는 장진호전투의 스미스 장군이다.

3.

"전사자와 부상병, 피난민
모두 데리고 후퇴한다"

_ 스미스 장군의 장진호전투, 대한민국을 구하다

1950년 11월 7일 쑹스룬(宋時輪) 장군이 이끄는 중공군 제9병단 12만 명은 압록강을 건너 한국이라는 생소한 전장으로 출발했다. 이들의 목표는 원산을 출발해 장진호로 북상하는 미 해병 1사단을 포위 섬멸하는 것이었다. 중공군은 험준한 산악지대를 걸어 명령받은 지점으로 이동했다. 딱하게도 이들에게는 추위에 대비한 솜옷과 솜모자가 모자랐고, 현대전에 필요한 비행기, 차량, 중포는 물론, 보급 체계도 갖추지 못했다. 이로 인해 전투보다는 추위와 굶주림으로 수많은 장병들이 죽어간다. 중공군은 장진호에서 흥남으로 이어지는 좁은 길에 있는 요충지의 산중에서 미군이 오기만을 기다렸다.

한편 인천상륙작전이 끝나자 미 해병 1사단은 인천에서 배를 타

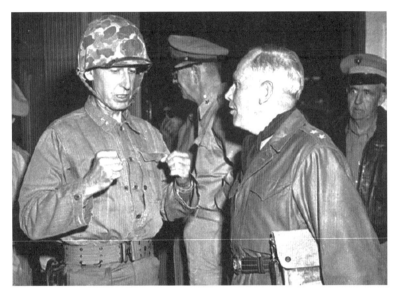

장진호전투가 끝날 때까지 사사건건 대립한 스미스 해병 1사단장(왼쪽)과 알몬드 10군
단장. 스미스 장군의 고집이 해병대를 살렸다.

고 원산에 상륙했다. 이들은 알몬드 10군단장으로부터 험준한 산
길을 따라 북상해서 장진호를 거쳐 서쪽으로 진군해 평양에서 북
진하는 미 8군과 합류하라는 명령을 받았다. 이때부터 알몬드 군
단장과 올리버 스미스 해병 1사단장 사이에 의견 충돌이 시작됐다.

　맥아더 사령관의 결정이라면 무조건 맹신하는 알몬드 장군은
"도쿄사령부에서 지시한 대로 빨리빨리 압록강으로 돌진하라."고
재촉했다. 반대로 신중한 성격의 스미스 장군은 중공군과 맞서 싸
우기로 예정된 지역은 산세도 험하지만 엄청나게 추운 곳인 만큼
천천히 진군하면서 보급에 만전을 기해야 한다고 주장했다. 이후
두 사람은 진격 방향, 부대 배치, 진군 속도, 보급 문제를 둘러싸
고 계속 충돌했다.

1950년 11월 2일 해병 1사단은 해변에서 장진호를 향해 본격적으로 진군하기 시작했다. 출발한 지 얼마 안 돼 선두에 선 해병 7연대는 수동리에서 1개 사단 규모의 중공군과 접전을 벌였다. 중공군은 사흘 간 공격을 하다 홀연히 사라졌다. 한 달 전 청천강 전투에서 보여주었던 전형적인 '미끼 작전'이었다. 해병대를 깊숙이 끌어들인 후 퇴로를 차단하고 포위 공격을 가해 섬멸시킨다는 작전이다. 쑹스룬 장군은 부하들에게 "대어를 잡으려면 미끼 맛을 보여줘야지."라고 말했다.

이 시간에 청천강 북쪽에서는 미 8군이 중공군이 던진 미끼를 덥석 물었다가 궤멸적인 타격을 받고 있었다. 스미스 장군은 긴장했다.

"중공군이 우리를 넘어뜨리려고 거대한 덫을 놓고 있구나."

스미스 장군, 명령을 거부하다

곳곳에서 중공군의 흔적이 발견됐다. 황초령을 지날 때는 다리가 파괴되지 않고 그대로 남아 있었다. 북쪽으로 후퇴한 중공군이 '이리 넘어오라'고 손짓하는 것이나 마찬가지였다. 그러나 알몬드 군단장은 수시로 정찰기를 타고 나타나 "맥아더 장군의 명령대로 크리스마스 때까지 압록강에 도착하라."고 재촉했다. 스미스 장군은 명령을 무시하고 진군 속도를 늦추고 연대 간의 연결을 끊지 않았다. 그리고는 길목 곳곳에 보급품을 보관하는 창고를 짓고 이를 지키는 부대를 배치했다.

험한 산길을 넘어 장진호 남쪽 기슭에 있는 하갈우리에 도착하자 스미스 장군은 중대한 결정을 내린다.

험준한 고갯길을 올라가며 장진호로 진군하고 있는 해병대원들.

"우리 사단이 다시 모이고 비행장이 갖춰질 때까지 더 이상 진군하지 않는다."

그리고는 군단장으로부터 겨우 허가를 얻어 이곳에 작은 비행장 활주로를 닦기 시작했다. 나중에 중공군과의 격전이 시작되고 엄청난 사상사가 발생하자 이 비행장은 큰일을 해낸다. 수송기를 통해 4,500명의 사상자가 후방으로 수송되었고 각종 전투 장비와 식량, 의료품이 이 비행장에 속속 도착했다.

11월 27일 선발부대인 해병 7연대가 장진호 서쪽 끝인 유담리에 도착하고, 그 뒤에 5연대가 배치됐다.

그날 밤 9시. 섭씨 영하 20도의 강추위 속에 중공군이 총공격을 가해왔다. 해병은 고지를 사수했으나 장진호 동쪽에 도착한 미 육

진격할 때 곳곳에 설치한 보급창고는 후퇴할 때 해병대의 생명선이 되었다.

군 7사단 31연대는 포위 공격을 받고 궤멸됐다. 다음 날 아침 미 해병 1사단은 중공군에 포위된 것을 알았다.

이 시간에 청천강 북쪽의 미 8군은 치명적인 타격을 받고 허겁지겁 평양을 향해 무질서하게 후퇴하고 있었다. 결국 맥아더 사령부는 11월 29일 '흥남으로 집결해서 교두보를 구축하라'는 명령을 내렸다. 포위된 해병대는 중공군과 전투를 벌이며 왔던 길을 되돌아 유담리-하갈우리-고토리-진흥리-흥남까지 240킬로미터 거리를 행군해야 했다. 후퇴길은 '한국의 지붕'으로 불리는 개마고원 지대로 해발 1,000~2,000미터의 고산지대였다.

날씨도 문제였다. 낮에도 영하 20도, 밤이 되면 영하 30도 이하로 떨어졌다. 동상과 설사로 쓰러지는 병사들이 속출했다. 중공군은 주로 밤이나 새벽을 틈타 공격을 해왔다. 그러나 무기도 형편없

하갈우리에 급하게 지은 임시 비행장. 해병대가 중공군에게 포위되자 외부와의 유일한 통로가 되었다.

고 물자도 부족해 결정적인 타격을 주지 못했다. 오히려 중공군이 추위와 굶주림으로 먼저 쓰러지기 시작했다. 스스로 걸어서 포로가 되거나 피난민 틈에 섞여서 도망가는 병사들이 속출했다. 어느 병사의 회고담을 들어보자.

"고지를 하나 점령한 후 부대를 통과시키고, 또 다른 중대가 고지를 점령하면 통과시키는 식으로 후퇴했습니다. 황초령 부근에서 중공군 30명이 포로가 되겠다고 따라오는데 아무리 가라고 해도 가지를 않아요. 자기들은 중공군이 아니라 장제스 부대라며 막무가내로 따라오는 겁니다."

스미스 장군의 선언, "새로운 방향으로 공격한다"

12월 4일 흩어져 있던 해병 1사단이 주요 거점인 하갈우리에 집결했다. 여기에 모인 병력은 1만여 명, 차량은 1,000여 대였다. 1주

중공군의 포위망을 뚫고 장진호 서쪽에서부터 흥남으로 후퇴하고 있는 미 해병 1사단의 5연대와 7사단 장병들.

일 전에 이곳에 미리 도착한 스미스 장군은 "이제부터 후퇴가 아니라 새로운 방향으로 공격한다."고 지시했다. 해병대는 휴식을 취하고 전사자와 부상자 전원을 수송기로 후송한 후 남쪽으로 출발했다. 이들 뒤에는 수천 명의 피난민과 중공군 포로들이 따라오고 있었다.

하갈우리에서 고토리로 철수하는 과정에서 중공군과 치열한 전투를 벌이다 전사 103명, 부상 506명, 실종 7명이란 피해를 입었다. 부상자는 고토리에서 헬기와 소형 비행기로 후송되었다. 전사자 시신은 더 이상 후송할 여력이 없어 얼어붙은 딱딱한 땅을 파서 매장했다.

추위와 배고픔에 지쳐 투항한 중공군 포로들. 중공군은 해병대의 강력한 반격과 미 공군의 폭격, 아사 때문에 녹아버렸다.

전투를 벌이며 남쪽으로 내려오다 중대한 고비를 맞았다. 중공군이 황초령에 걸린 다리를 폭파한 것이다. 이번에는 공군이 나섰다. 가교를 만드는 데 필요한 장비를 낙하산으로 떨어뜨렸다. 이 장비를 공병부대가 조립해서 다리를 만들어 부대 전체가 골짜기를 빠져나왔다. 이렇게 해서 해병 1사단은 10배나 되는 중공군을 패퇴시키고 대부분의 장비와 부상병 전원, 수천 명의 피난민을 데리고 무사히 흥남으로 돌아왔다. 개마고원에서 흥남에 이르는 길목에서 미 해병 1사단이 격전을 벌이는 동안, 평안도에서는 미 8군이 무너져내리고 있었다. 이 패퇴가 1.4후퇴의 시작이었다.

12월 11일 밤 9시에 1사단의 후미가 마지막으로 흥남에 도착했다. 흥남에는 바라크와 텐트가 혹한의 사지를 탈출한 해병대원들을 기다리고 있었다.

장진호전투에서 해병 1사단은 총 4,418명의 전사상자를 냈다. 전사 604명, 부상 후 사망 144명, 실종 192명을 기록했다. 7,313명은

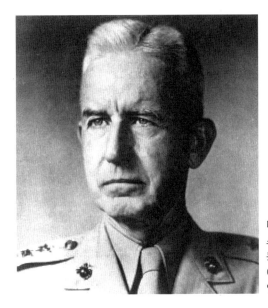

미 해병 1사단을 이끈 올리버 스미스 소장. 부하들과 동고 동락하며 장진호전투를 이끌 어 한국전쟁의 판세를 바꾸 었다.

가벼운 동상을 입었으나 나중에 회복되어 부대에 복귀했다. 해병 1사단 장병과 장비는 모두 흥남 앞바다에서 기다리던 해군 선단에 승선해 부산에 도착한 후 다시 전투에 투입되었다.

중공군은 장진호전투에서 미군의 10배에 가까운 3만 7,500명의 전사상자를 냈다. 이 가운데 2만 2,500명은 해병대와의 전투에서, 1만 5,000명은 항공기 공격으로 죽거나 다쳤다. 다른 중공군의 1/3 은 동상으로 부상을 입어 이후 벌어진 전투에 참가하지 못해 9병 단은 사실상 소멸되었다.

더 중요한 사실은 중공군 주력이 해병 1사단에 투입되는 바람에 함경남북도 전역에 흩어져 있던 미 10군단 전원이 안전하게 철수할 수 있었다는 사실이다. 해병 1사단을 포함한 10군단 병력 10만 명 과 피난민 9만 8,000명은 흥남철수작전을 통해 성공적으로 후방으

장진호전투에서 전사한 미군들의 시신. 전투보다 동상으로 더 많이 죽었다.

로 빠져나왔다. 부산에 도착한 해병 1사단은 육로로 마산으로 이동해 부대 정비에 나섰다. 마산에서 스미스 장군은 전사한 장병의 부모와 가족에게 일일이 편지를 보냈다.

전쟁이 끝나고 전역한 스미스 장군은 아내와 함께 샌프란시스코 남쪽 끝에 있는 로스 알토스에 정원이 있는 집을 사서 은퇴 생활을 즐겼다. 거실에 놓인 가죽 소파의 뒤쪽 벽에는 장진호전투 지도를 걸어두었다. 1977년 12월 25일 크리스마스 밤에 잠든 그는 그대로 깨어나지 못했다. 향년 84세였다.

한국전쟁에서 우리의 은인은 맥아더가 아니라 스미스 장군과 함께 붕괴된 유엔군을 수습한 리지웨이 장군이었다. 청천강전투에서 미 8군이 궤멸된 것처럼 해병 1사단이 속한 10군단마저 와해됐다면 대한민국의 운명은 어떻게 달라졌을까?

4.
지옥 같은 흥남부두에 내려온
'높고 푸른 사다리'

_ 화물선 〈메러디스 빅토리호〉 피난민 구조에 나서다

우리 앞에 홀연히 배 하나가 나타났다.

그냥 배가 아니라 내게는 갑판의 끝이 하늘에 닿아 있는 듯
했던 너무도 커다란 배였다. 사람들이 그리로 몰려가기 시작
했다. 나는 보았다. 그때 하늘로 솟은 그 배의 높은 난간에
서 홀연히 풀어져 내려오던 사다리를…… 사람들이 그 사
다리를 타고 배에 오르기 시작했다. 아아, 성서에 나오는 야
곱이 보았다는, 하늘로 오르는 통로. 천사들이 오르내리던
사다리가 그것보다 황홀했을까?

　　　　　　　　　－ 공지영 소설 『높고 푸른 사다리』에서

1950년 12월 19일 〈메러디스 빅토리호〉가 흥남항으로 들어왔

다. 건조한 지 5년이 된 7,600톤급 미국 국적의 화물선이었다. 일본 요코하마에서 해병대 항공단에 공급할 제트연료 10만 톤을 싣고 흥남에 내려놓을 계획이었다. 제트연료는 제트 엔진에 사용하는 가솔린이다. 레너드 라루 선장은 쌍안경으로 부두를 살펴보다 깜짝 놀랐다.

> "처참한 광경이 눈에 들어왔습니다. 북한 피난민들이 부두에 떼를 지어 모여 있었습니다. 그들은 수레로 나르거나 들 것, 혹은 끌고 다닐 수 있는 것은 모두 갖고 나왔습니다. 그들의 옆에는 놀란 병아리처럼 아이들이 있었습니다. 그 뒤에는 그들을 죽이려는 적군이 있었고, 앞에는 넓은 바다가 펼쳐져 있었습니다."

흥남부두에는 더 이상 발을 디딜 수 없을 만큼 피난민들이 몰려 있었다. 기온은 영하 20도, 살을 에는 듯한 강풍이 불고 있어 체감온도는 그보다 훨씬 낮았다. 미군들은 '자동차 엔진이 얼어 터지는' 추위라고 당시를 회고했다.

해군 대령이 배 위로 올라와 라루 선장과 마주앉았다. 그는 지금은 제트엔진을 하역할 상황이 아니라고 말했다. 이제 흥남철수가 대대적으로 시작됐다면서 미 해병 1사단과 보병 7사단, 한국군 1군단이 이미 철수했으며 미 육군 보병 3사단이 방어선을 지키고 있다고 설명했다. 그리고는 돌아가라고 말했다. 잠깐 말을 멈춘 대령은 꽉 잠긴 목소리로 간청했다.

"방금 전 밟혀 죽은 어린 딸을 안고 부두를 떠도는 아비를 보았

흥남철수작전 때 피난민 1만 4,000여 명을 실어나르는 데 투입됐던 〈메러디스 빅토리
호〉와 같은 종류인 〈레인 빅토리호〉가 미국 캘리포니아 주의 한 부두에 정박해 있다.

습니다. 이 배는 수송선이니 지금부터 하는 말은 명령이 아닙니다. 다만 몇 명이라도 피난민을 태우고 남쪽으로 갈 수 없을까요?"

라루 선장 역시 지금은 제트연료를 하역할 상황이 아니라고 판단했다. 어쩌면 그는 그들을 그냥 버려두고 갈 수도 있었다. 그러나 그는 마음을 굳게 먹고 선원 10명에게 지시를 내렸다.

"사람을 태우십시오. 타고자 하는 사람 모두를요. 전부 다 태우세요."

정원 12명의 화물선에 피난민 1만 4,000명이 승선하다

라루 선장은 키를 잡고 선원 10명은 그물망을 배 옆구리로 내렸다. 그것을 사다리 삼아 사람들을 올라오게 했다. 차갑고 거센 바

북새통을 이룬 흥남부두에서 피난민들이 배에 오르고 있다.

람이 몰아치더니 눈이 내리기 시작했다. 로버트 러니 상급선원의
회고다.

"그들은 마치 지옥의 구덩이에서 하늘로 오르는 사다리를
발견한 사람들 같았다. 피난민들은 그물망을 사다리 삼아
배로 기어오르기 시작했다. 그들은 보따리를 이고 아이를
업고 있었다. 갑판에 올라오면 차례차례 지하 5층으로 내려
갔다. 그러면 뚜껑을 닫았다. 이어 지하 4층으로, 이어 3층
으로……. 거기에는 화장실도 없고, 불빛도, 먹을 것도, 물
도 없었다."

군함에 차례차례 타고 있는 피난민들. 부두에 몰린 사람들 중 절반만 탈 수 있었다.

승선은 밤새 진행되었고 다음 날 동이 트고 정오가 될 때까지 계속됐다. 군함은 계속 포를 쏘아대고 함재기는 연신 날아와 흥남 외곽 저지선 건너편을 폭격했다. 포를 쏠 때마다 배의 갑판도 크게 흔들리고 사다리도 흔들렸다. 노인들과 아이들이 강풍에 흔들리는 그물에 대롱거리면서 안간힘을 다해 갑판으로 기어올라왔다.

이렇게 해서 1만 4,000명의 피난민이 배에 올랐다. 배는 남쪽을 향해 사흘 간 항해했다. 피난민들은 어둠 속에서 밥은커녕 물 한 모금 마시지 못하고 버텼다. 그 와중에 5명의 아기가 잇따라 태어났다. 산모들을 위해 선원실 3개를 비우고 잠자리를 마련했다.

거제도에 도착해 뚜껑을 열자 공포에 사로잡혀 있지만 침착한 태도를 갖춘 피난민들이 조용히 선원들을 바라봤다. 사망자는 한 명도 없었고, 머릿수는 5명이 늘었다. 피난민들이 하선하는 데도

거제도에 있는 흥남철수 기념비. 피난민들은 주민들의 도움을 받아 남한 정착에 성공했다.

꼬박 이틀이 걸렸다. 한국인들은 그 힘겨운 상황에서도 약한 이들에게 하선을 양보했다. 그들이 모두 하선한 후 라루 선장은 그날이 크리스마스 이브인 것을 알았다. 그는 그 자리에 엉덩방아를 찧으며 주저앉았다. 그때 그의 나이 35살이었다.

배가 도착하자 거제도 주민들이 일제히 달려와 준비한 물과 주먹밥을 나눠주었다. 피난민들이 어느 집에 들어가도 주민들은 친척이 온 것처럼 잠자리와 먹을 것을 제공했다. 전쟁이 끝나고 수도원 수사가 된 라루 선장은 이렇게 신앙고백을 했다.

"저는 때때로 궁금할 때가 있습니다. 어떻게 그 작은 배가 어떻게 그 많은 사람을 태우고 어떻게 한 사람도 잃지 않고 그 많은 위험을 극복했는지를……. 그해 크리스마스에 한

2005년 5월 27일 거제도 포로수용소 유족공원에 건립된 흥남철수 기념비 앞에 선 로버트 러니(앞줄 왼쪽)와 현봉학 박사(그 오른쪽). 러니는 〈메러디스 빅토리호〉의 상급선원이었고, 현 박사는 흥남에서 피난민들을 구한 일등공신이었다.

국의 검은 바다 위에서 하나님의 손길이 제 배의 키를 잡고 계셨다는 메시지가 저에게 전해옵니다."

청천강 전선에 이어 함경도에서도 유엔군 후퇴하다

그런데, 흥남부두에서 이처럼 대규모 철수작전이 벌어진 이유는 무엇일까?

1950년 12월 초. 청천강 전선에서 중공군의 기습 공격을 받은 유엔군은 38선으로 후퇴했다. 이어 원산마저 점령당하자 함경도에 흩어져 있던 미 10군단과 국군 1군단은 고립됐다. 결국 도쿄에 있던 맥아더 사령부는 전면 철수를 지시했다. 이를 위해 흥남 앞바다에 항공모함 7척과 전함 1척, 순양함 2척, 구축함 7척, 로케트함

흥남철수 당시 접근하는 중공군에게 포격을 하는 전함 〈미주리호〉.

3척이 배치됐다. 이들이 퍼부어댄 엄청난 화망이 쫓아오는 중공군의 접근을 막았다. 이때 발사한 포탄이 인천상륙작전 때보다 70% 더 많았다.

흥남에서 철수하는 유엔군 병력은 총 10만 5,000명에 달했고, 차량 1만 8,422대, 각종 전투물자 3만 5,000톤이라는 어마어마한 규모였다. 12월 12일 미 해병 1사단을 시작으로 철수작전이 시작됐다. 작전에 가장 큰 어려움은 접근하는 중공군이 아니었다. 바로 피난민이었다.

평양철수 때도 그랬지만 여기서도 10만 명에 가까운 피난민들이 몰려와 배에 태워달라고 애원했다. 알몬드 10군단장은 처음에

개마고원에서 후퇴하다 함흥 입구에 있는 고토리에 머물고 있는 미 해병 1사단과 피난민들. 미군이 이곳에 들어서자 따라온 피난민이 3,500명에 달했다.

는 3,000명 정도 철수시킨다는 방침을 세웠지만 큰 반발에 부딪혔다. 10군단의 민사부 고문으로 있던 현봉학 박사는 피난민을 구하기 위해 전력을 다해 미군 수뇌부를 설득했다. 이어 국군 수뇌부도 "우리도 배를 타지 않고 피난민을 엄호하면서 걸어서 후퇴하겠다."고 버텼다.

결국 알몬드 장군이 방침을 바꿨다.

"피난민들을 놔두고 갈 수 없다. 모두 구출하라."

피난민들의 전면 철수가 결정되자 남한과 일본에서 수송선과 상륙정이 징발되어 흥남 앞바다로 모였다. 그러나 앞에 나온 〈메러디스 빅토리호〉는 징발된 배가 아니라 화물을 싣고 왔다가 자진해서 합류한 것이었다. 이렇게 해서 약 9만 8,000명의 북한 주민들

1만 4,000여 명의 목숨을 구한 '숭고한 결정'을 내린 마리너스 레너드 라루 선장. 한국전쟁이 끝난 후 성 베네딕토회 수사가 되었다.

이 자유를 찾아 남쪽으로 내려올 수 있었다. 피난민들을 모두 철수시키자 미 해·공군은 다이너마이트 등 폭탄을 이용해 공산군이 이용할 수 없도록 부두를 파괴하고 떠났다.

1만 4,000여 명의 생명을 구한 라루 선장은 이 사건을 계기로 고통받고 있는 한국인을 위해 기도하겠다며 마리너스라는 이름으로 성 베네딕토회 수사가 되었다. 그는 평생을 미국 뉴저지 주에 있는 뉴튼 세인트 폴 수도원의 성물방에서 일하다 2001년 세상을 떠났다. 수도원에서는 미국 정부가 훈장을 주기 위해 연락을 했을 때서야 비로소 그가 전쟁 영웅이란 것을 알았다.

기적 같은 인연은 계속된다

흥남부두에서 피난민들이 철수한 후 51년이 지난 2001년 어느 날, 성 베네딕토회 왜관 수도원으로 어려운 제안이 들어왔다. 지원

문을 닫게 된 라루 선장의 수도원을 살린 성 베네딕토회 왜관 수도원.

이 끊기게 된 미국의 낡은 수도원을 인수해 달라는 것이었다. 현지 답사차 뉴튼 수도원에 간 수사들은 그곳에서 마리너스 수사를 만났다. 그 늙고 병든 수사가 바로 라루 선장이었다. 한국전쟁 당시의 기적 같은 흥남철수 이야기를 들은 한국인 수사들은 감동을 받아 뉴튼 수도원을 지원하기로 결정했다. 그리고 거짓말처럼 이틀 후에 노수사는 숨을 거두었다. 마치 한국인 수사를 만나면 그 이야기를 하려고 살아 있기라도 하듯이 말이다.

지금은 왜관 수도원의 젊은 수사들이 이곳에 파견되어 수도 활동을 하고 있다. 젊은 선장은 한국인들을 구했고, 젊은 한국인들은 사라질 뻔했던 선장의 수도원을 살려냈다.

라루 선장은 다음과 같은 유언을 남겼다.

"선원들이 바다에 나가면 처음 배우는 격언 중에 이런 것이 있습니다. '어떤 사람이 혼자서 할 수 없는 일을 한다면 그를 도와주라!'는 것입니다. 아무리 작은 배라도, 아무리 큰 배라도 배가 운반하는 모든 것의 안전은 바로 이 원칙에 달려 있습니다. 서로 돕는 배는 모든 난관을 이겨냅니다. 서로 돕지 않는 배는 작은 난관에도 안전하지 않습니다. 이 원칙은 '네 이웃을 네 몸과 같이 사랑하라'처럼 아주 단순한 것입니다. 서로 돕는 것입니다. 우리 하나하나는 모두 약하고 모자라니까요."

라루 선장의 유언을 들으면서 〈세월호〉가 떠오르는 건 나만이 아닐 것이다.

5.

만주에
원자폭탄을 투하하라?

_ 야전사령관 맥아더가 전쟁 와중에 전격 해임당한 이유

"…… 맥아더 장군을 해임하는 것이 불가피하다고 결정했습
니다."

한국전쟁이 한창 격화되고 있는 1951년 4월 11일 밤 백악관.

한밤중에 때 아닌 긴급 기자회견이 열렸다. 이 자리에서 트루먼
대통령은 맥아더 유엔군 사령관을 해임한다고 발표했다. 서둘러 기
자회견을 연 것은 맥아더에게 알려질 경우 그가 먼저 그만두겠다
고 할까 두려웠기 때문이었다. 트루먼은 라디오로 생중계되고 있는
회견에서 맥아더 해임이 불가피함을 단호한 어조로 설명했다.

"여러 중요한 이유들로 인해 전쟁을 한반도 안으로 제한시켜

맥아더 장군을 해임한다고 발표하는 트루먼 대통령.

야 한다고 생각합니다. 지금 전쟁터에서 싸우고 있는 우리 군인들의 귀중한 목숨이 헛되이 버려지지 않도록, 우리나라와 자유 세계의 안전이 위태로워지지 않도록, 마지막으로 3차대전을 막기 위해서입니다. 맥아더 장군은 이러한 국가 정책에 동의하지 않는다는 것을 일련의 사건들이 분명히 보여 줬습니다. 우리 정책이 추구하는 진정한 목적과 목표에 대한 추호의 의심이나 혼란이 없도록 하기 위해 맥아더 장군을 해임하는 것이 불가피하다고 결정했습니다."

이미 이틀 전에 미 합동참모본부는 맥아더의 해임에 대해 만장일치로 의견을 모았다. 합동참모본부 의장 브래들리 장군은 대통령에게 맥아더 해임을 공식 건의했다. 해임을 결정한 트루먼은 사석에서 이렇게 토로했다.

"문제는 맥아더 장군이 식민지 총독, 즉 극동 지역의 황제가 되고 싶어 했다는 거야. 자기가 일개 육군 장교라는 것, 그리고 자신의 상관은 바로 미국 대통령이란 사실을 망각한 게 잘못이지."

해임 소식이 발표되고 있던 그 시간에 맥아더는 도쿄를 방문한 의원들과 점심으로 닭튀김을 먹고 있었다. 옆방에서 라디오로 트루먼의 해임 발표를 들은 보좌관이 뛰어 들어와 맥아더에게 쪽지를 건넸다. 그는 먹다 남은 닭뼈를 한 손에 들고 쪽지를 읽었다. 그리고는 한마디 했다.

"몸집이 작은 친구가 배짱 하나는 좋구나."

마오쩌둥, "맥아더의 오만함이 좋다"

전쟁 중에 야전사령관을 해임하는 것은 미국 역사상 이례적인 일이다. 대통령과 장군 사이에 무슨 일이 있었길래 이렇게 파국으로 끝났을까? 6개월 전 태평양 한가운데 있는 웨이크 섬으로 돌아가보자.

1950년 10월 15일 웨이크 섬에서 만난 트루먼 대통령과 맥아더 장군은 매우 들떠 있었다. 한 달 전의 인천상륙작전이 성공하면서 인민군은 허겁지겁 패주하고 있었다. 곧 평양이 함락되고 전쟁은 끝날 것 같았다. 트루먼의 걱정은 중공군 참전 여부였다. 맥아더는 중공군이 참전하지 않을 것이라고 호언장담했다. 이어 이렇게 설명했다.

"중공군은 공군 지원이 전혀 없는 상태입니다. 반면 아군은 현재 한반도 안에 공군기지 설치를 완료했습니다. 그러므로 중공군이 평양으로 밀고 내려온다면 인류 역사상 최악의 유혈 사태가 벌

웨이크 섬에서 화기애애하게 회담이 끝난 후 트루먼 대통령이 맥아더 장군에게 훈장을
달아주고 있다.

어질 것입니다."

　이들은 전쟁이 끝나면 한반도를 어떻게 재건할 것인가에 대해
유쾌하게 이야기를 나누었다. 짧은 회담이 끝난 후 트루먼은 맥아
더에게 훈장을 달아주며 전쟁 영웅으로 추켜세웠다. 그러나 그 시
각, 압록강 건너에는 중공군 정예부대 30만 명이 집결하고 있었다.
그리고 나흘 후 물속에 설치한 다리를 타고 은밀하게 국경을 넘어
오고 있었다. 10월 25일을 시작으로 청천강 북쪽과 개마고원 일대
에서 중공군의 기습작전이 시작됐다.

　그럼에도 맥아더는 상황 파악을 제대로 하지 못했다. 중국의 정
규군이 아니라 중국 국적을 가진 북한군일 것이라고 주장했다. 인
천상륙작전 성공 이후 맥아더의 오만은 하늘을 찔렀고 참모들도
맥아더가 듣고 싶어 하는 말만 보고했다. 이런 맥아더의 오만함을
중국의 마오쩌둥은 정확하게 꿰뚫어보고 있었다.

"나는 맥아더의 오만함이 좋다. 그가 오만하면 오만할수록 우리는 더 쉽게 그를 패배시킬 수 있기 때문이다."

중공군의 참전은 전세를 완전히 뒤바꾸어 놓았다. 12월 6일 평양이 다시 공산군 수중에 넘어갔다. 그러고도 후퇴는 끝나지 않았다. 12월 한 달 동안에만 유엔군은 압록강 부근에서 38선 이남 지역으로 후퇴했다. 미국 역사상 가장 길고도 치욕스러운 패주였다. 제대로 뒤통수를 얻어맞은 맥아더는 비밀계획을 합동참모본부에 제출했다. 계획은 3가지였다.

1. 미국의 공군력을 이용해서 중국의 항공기지와 산업시설, 만주의 군수시설을 파괴한다.
2. 미 해군을 동원해 중국의 남해와 황해의 해안에 있는 항구들을 봉쇄하고 공격한다.
3. 대만 장제스의 군대를 파견해 중국의 남부 지역을 기습 점령한다.

한마디로 중국으로 전쟁을 확대하자는 것이다. 이에 대한 미국 정부의 대답은 '노'였다. 중국으로 전쟁이 확대되면 중국과 동맹관계에 있는 소련이 참전할 것이고 그렇게 되면 3차대전이라는, 생각하기도 싫은 끔찍한 사태가 발생할 수 있기 때문이었다.

맥아더는 여기서 그치지 않고 한 걸음 더 나아갔다. 이번에는 원자폭탄 투하를 강력하게 주장했다.

1951년 4월 서울을 재차 점령하려는 중공군을 향해 광화문에서 마포까지 일렬로 배치된 미군의 야포 400문이 불을 뿜고 있다.

"만주에 있는 군사기지와 병참기지 21곳에 26개의 원자폭탄을 투하합시다."

트루먼은 양쪽이 공멸할 수 있는 핵전쟁의 위험을 어떻게든 피하려 했기 때문에 이 제안도 거부했다. 자신의 제안이 모두 거절당하자 맥아더는 공개적으로 '트루먼이 겁쟁이라서 전쟁에서 이기려 하지 않는다'고 불만을 토로하고 다녔다.

맥아더, 중공군과도 싸우고 대통령과도 싸우다

교통사고로 숨진 워커 미 8군 사령관 후임으로 온 리지웨이 장군의 지휘 아래 다시 전세가 역전되었다. 유엔군은 1951년 3월 중순 서울을 탈환하고 여세를 몰아 38선 이북으로 공산군을 밀어냈다. 전쟁 전의 상태를 회복한다는 트루먼의 목표가 어느 정도 달성된 것이다. 트루먼은 협상카드를 만지작거렸다. 영국 등 동맹국들과 '38선으로부터 양측이 일정한 정도의 거리로 후퇴한다'는 방안을 협의하기 시작했다.

가만히 있을 맥아더가 아니었다. 3월 24일 중국 수뇌부를 모욕하는 내용의 성명서를 발표했다.

> "승리 외에 다른 대안은 없다. 중국은 근대화된 군사력이 없기 때문에 그들을 패배시키는 것은 매우 쉬운 일이다. 중국을 패배시키면 한국전쟁을 승리로 이끌 수 있고 한국을 통일시킬 수 있다. 북한 주둔 중공군 지휘관들은 직접 나에게 와서 항복하라. 오기 어려우면 내가 비행기를 타고 가서 중공군의 항복을 받겠다."

이로써 트루먼의 평화협상 구상은 물거품이 되었다. 트루먼은 딸에게 이렇게 토로했다.

> "그 후로는 단 한 차례도 중국과 연결이 되지 않았다. 한순간에 맥아더가 휴전 제의를 무색하게 만든 거야. 당장에라도 달려가서 맥아더를 한반도 옆 바다에 밀어넣고 싶었지."

이번에는 미국 의회에서 사단이 났다. 공화당 의원 조셉 마틴은 의회에서 "트루먼 대통령은 전쟁에 승리하겠다는 목표도 없이 수많은 미국의 젊은 군인들을 죽인 살인자다."라고 연설한 후 맥아더에게 의견을 묻는 서한을 보냈다. 맥아더는 답신에서 "당신의 의견에 동의한다."며 "승리 외에 대안은 없다."고 다시 한 번 강조했다. 그는 이어 "대만에 있는 장제스의 군대를 활용하자는 생각은 전략상 전혀 무리가 없다."고 강조했다.

이 답신은 4월 5일 국회에서 낭독되었다. 백악관은 충격에 빠졌다. 맥아더는 군인으로서 넘어서는 안 될 선을 넘어버린 것이었다. 나흘 후 맥아더의 언행에 대한 심각한 논의 끝에 미 합동참모본부는 만장일치로 맥아더의 해임을 결정했다.

이렇게 해서 맥아더는 역사 속에서 사라졌다. 한홍구 성공회대 교수는 맥아더에 대해 이렇게 평가했다.

> "맥아더는 합동참모본부에 원자폭탄을 투하해야 할 중국의 목표 지점을 무려 21곳을 선정해 보고했다. 이런 위험한 발상을 한 맥아더를 해임한 것은 한반도를 위해서나 세계평화를 위해서 천만다행한 조치였다. 맥아더가 이런 주장을 한 것은 전쟁 수행 과정에서 자신의 판단 착오를 감추기 위해서였다. 그는 인민군의 공격 가능성을 무시했고, 중공군의 개입 가능성을 묵살하고 38도선 이북으로 진격했다. 그의 호언장담과 달리 중공군이 개입해 무참한 패배를 당하자 원자폭탄 투하를 들먹인 것이다."

그럼에도 21세기 대한민국에서는 인천의 맥아더 동상 철거 여부를 둘러싸고 여전히 공방이 이어지고 있다.

6.
포로들의 포로가 된
포로수용소장

_ 휴전회담, 포로 문제로 2년 더 질질 끌다

한국전쟁이 소강 상태에 접어든 1952년 5월 7일 거제도 포로수용소.

갑자기 친공포로들이 밥에 독을 넣었다고 시위를 벌였다. 이들은 단식투쟁을 하면서 포로수용소장 프랜시스 도드 준장과의 면담을 요청했다. 평소 포로 대표단의 요청이 있으면 면담을 자주 가졌던 도드 수용소장은 아무 생각 없이 철조망을 사이에 두고 포로들과 얘기를 나눴다. 포로들이 슬그머니 수용소 문을 열고 나와 도드를 둘러싸는데도 경비병들은 눈치 채지 못했다. 그러다 '똥통'을 비우러 나왔다가 들어오는 포로들과 뒤엉켜 도드는 철조망 안으로 밀려들어가고 문이 닫혀버렸다. 세계 전쟁 사상 유례 없는, 수용소장이 '포로들의 포로'로 전락하는 어이없는 사태가 벌어진

거제도 포로수용소 전경. 360만 평 부지에 가장 많을 때는 10만여 명의 포로가 북적거렸다.

것이다. 도드를 포로로 잡은 친공포로들은 곧바로 현수막을 내걸었다.

우리는 도드를 포로로 잡았다. 우리의 요구가 받아들여지는
한 그의 안전은 보장된다. 총격이나 그 밖의 폭행이 가해진
다면 그의 생명이 위험할 줄 알아라.

현수막이 납치 직후 곧장 내걸린 것으로 보아 도드 납치 계획은
미리 준비된 것이었다. 포로들은 이어 친공포로에 대한 학대 중지,
송환 강제 심사 철회, 자유 송환 중지, 포로 대표단 인정 등을 요

거제도 포로수용소 유적공원에 모형으로 재현되어 있는 도드 준장 납치 장면.

구하고 나섰다. 후임 소장으로 임명된 찰스 콜슨 준장은 "유엔군이 다수의 포로를 살상한 유혈 사건이 있었다는 것을 시인하고, 포로들의 송환 강제 심사나 개인 심사를 하지 않겠다."는 각서에 서명했다. 콜슨이 무릎을 꿇자 도드 장군은 감금 78시간 만에 석방될 수 있었다.

　이는 도드가 살해되더라도 무력으로 수용소 질서를 바로잡으려던 유엔군 총사령관 리지웨이 장군의 뜻에 완전히 배치되는 조치였다. 화가 머리끝까지 치솟은 리지웨이는 도드와 후임 수용소장 콜슨 장군 모두 대령으로 강등시켜버렸다.

유엔군, 친공포로들에게 강경 진압 작전을 벌이다
　리지웨이 후임으로 유엔군 총사령관으로 부임한 마크 클라크 대

명색이 포로수용소이지 무법천지가 된 거제도 포로수용소. 친공포로들이 장악한 막사
에서는 이렇게 정치적 구호가 난무했다.

장은 수용소의 질서를 잡기 위해 강경책을 구사하라고 엄명을 내
렸다. 새로 수용소장으로 온 헤이든 보트너 준장은 총검을 장착한
보병과 탱크를 수용소 안에 진입시켜 열흘 만에 포로들을 진압했
다. 기가 꺾인 포로들은 작은 규모의 새 수용 막사로 분산 수용되
었다. 먼저 분산 수용을 시도한 곳은 가장 저항이 심하고 친공포
로들의 본부 역할을 했던 76수용소였다.

　6월 10일 새벽 경비병들이 기관총과 박격포를 조준한 가운데 대
부분의 포로는 새 막사로 이동했으나 1,500여 명이 불을 지르며
저항하는 바람에 30여 명이 죽고 130여 명이 다쳤다. 결국 76수용
소의 포로 6,500명은 500명 단위로 나뉘어 새 수용소로 분산 수
용되었다. 포로들이 떠난 막사에서는 창 3,000여 개, 가솔린 수류
탄 1,000여 개, 칼 4,500여 자루가 발견되었다. 압수된 비밀문서에
는 1952년 6월 20일을 기해 모든 수용소에서 동시다발로 탈출한
다는 계획이 적혀 있었다.

포로수용소에서 발생한 폭동을 강경하게 진압하고 있는 유엔군.

보트너 수용소장은 반공과 친공포로들을 심사, 분리해 반공포로들을 영천, 부평, 마산, 논산, 가야 등지로 옮겨 친공포로들의 테러에서 보호했다. 거제도 부근의 봉암도에 설치한 새 막사에서는 12월 14일 폭동이 발생해 85명이 죽고 113명이 다쳤다.

포로 송환, 휴전회담의 뜨거운 감자가 되다

전선이 휴전선을 경계로 소강 상태에 접어들자 미국이나 공산권 모두 전쟁 지속보다는 협상의 길을 모색했다. 양측은 1951년 7월 10일 개성에서 제1차 휴전회담을 시작해 보름 만에 군사분계선 설정, 전투행위와 정전상태 감시기구 설치 등 5개 의제에 합의했다. 그러나 예상대로 포로 송환을 둘러싸고 암초에 부딪쳤다.

이 문제는 10월에 처음 의제에 올랐으나 회의 벽두부터 공산측

1951년 7월 10일 개성에서 열린 휴전회담 본회의 첫날 모습.

이 "휴전협정 조인 즉시 양측의 모든 포로를 석방하자."고 주장하여 공전을 거듭했다. 포로 송환은 제네바 협정에 따라 전쟁포로는 전쟁이 끝나면 지체 없이 석방하고 송환되어야 한다는 원칙을 지켜야 한다는 점에서는 공산 측 주장이 옳았다. 문제는 북한이나 중국으로 돌아가기를 원치 않는 포로들이 너무 많다는 데 있었다. 이들을 억지로 송환하는 것은 인도주의에 어긋나기 때문에 유엔군은 자발적 송환 원칙을 고수했다. 유엔군은 이를 통해 도덕적 우위와 이념적 승리를 선점하려고 했다.

포로의 숫자도 문제였다. 유엔군은 공산군 포로 13만 2,474명의 숫자를 제시했으나 공산 측은 한국군 7,142명과 유엔군 4,417명을 합쳐 고작 1만 1,559명의 포로 숫자를 제시했다. 공산 측의 자랑과 달리 5만 명이 사라진 것이다. 공산 측도 유엔군의 포로 명단에서 남한 출신 의용군 등 민간인 억류자 4만 명이 빠진 것을 문제 삼았다. 결국 회담은 난항을 겪다 1년 후인 다음 해 5월, 송환을 거부하는 포로들을 중립국 송환위원회에 넘겨 본인 의사를 존중하는 것으로 타결됐다. 그러자 이번에는 한국 정부가 이의를 제기하고 나섰다.

장맛비가 쏟아지고 있는 1953년 6월 18일 새벽 1~2시.

북한 송환을 반대하는 반공포로들이 수용돼 있는 7개 포로수용소 하늘에 예광탄이 발사되었다. 동시에 3만 5,400명의 반공포로들이 우리 헌병의 보호를 받으며 포로수용소 철조망을 뚫고 대탈주를 감행했다. 이승만 대통령은 오전 11시 미국을 상대로 이번 조치가 자신의 지시로 이뤄졌음을 대내외에 공표했다. 덕분에 2만 6,930명이 자유를 찾았다. 그러나 미군이 감시하고 있는 수용소에서는 경비병의 발포로 61명이 사망하고 116명이 다쳤다. 8,293명은 탈출에 실패해 다시 철조망에 갇혔다. 이들은 중립지대 인도군 수용소로 옮겨져 90일 간의 설득 기간을 거쳐 대부분 석방됐다.

미국은 물론 세계는 이승만의 대담한 조치에 경악을 금치 못했다. 미국의 충격은 정말 컸다. 미군이 탱크와 헬기까지 동원해 포로들을 붙잡으려고 했지만 주민들이 옷을 갈아입히고 집에 숨긴 채 숙식을 제공하니 당해낼 재간이 없었다. 아이젠하워 행정부는 한때 쿠데타를 사주해 이승만을 실각시키는 방안을 검토했으나 국군의 충성심이 높고 마땅한 대안이 없어 접어버렸다.

미국이 가장 놀란 것은 이승만이 유엔군 사령부가 장악하고 있는 작전통제권을 무시하고 포로들을 석방했다는 점이었다. 결국 이승만이 북진 통일 주장을 접고 휴전협상에 찬물을 끼얹지 않는

자유의 품으로 돌아온 반공포로들이 환호하고 있다. 이들은 대부분 국군에 입대한다.

다는 조건으로, 한국의 요구대로 한미상호방위조약을 체결하는 선에서 갈등을 무마했다. 정말 이승만은 '내치는 등신, 외교는 귀재'라는 항간의 소문이 실감나는 대목이다.

천신만고 끝에 마무리한 포로 송환, 88명은 중립국을 선택하다

1953년 7월 17일 휴전협상이 조인되고 8월 5일부터 한 달 간 송환을 희망하는 포로들은 별 무리 없이 판문점에서 교환되었다. 그러나 송환을 원치 않는 한국인과 중국인 포로 2만 2,000여 명은 5개국으로 구성된 중립국 송환위원회에 넘겨졌다. 이들은 인도군이 관리하는 판문점 근처의 비무장지대에 수용되었다. 남북한과 중국 대표들은 석 달 간 설득 작업을 벌였다.

이 절차를 거쳐 최종적으로 본국 송환을 거부한 포로는 중공군

북한으로 돌아가는 여군 포로들. 귀환 열차 바깥에 미국을 비난하는 극렬한 정치 구호를 내걸었다.

1만 4,227명, 인민군 7,582명이었다. 특이하게 88명이 제3국행(인도행)을 택했다. 88명 중 12명은 중공군, 76명(한국군 2명, 인민군 74명)은 한국인 포로였다. 이들이 제3국을 선택한 이유는 제각각이었다.

- 북녘에 부모님이 있어 지척의 거리인 남한에 살면 부모님을 만날 수 없다는 슬픔을 이겨낼 자신이 없어서.
- 포로수용소 출신이라는 이유로 남한 땅에서 반공포로로 불리며 살기 싫어서.
- 공산당이 싫어 남한에 남아야 하는데 20살이기 때문에 다시 군대에 끌려갈 게 뻔해서.
- 초등학교 때부터 미국이 별천지처럼 느껴졌기 때문에 멕시코를 통해 미국으로 갈 수 있을 것 같아서.

76명의 한국인 포로들은 1954년 2월 21일 오스트리아 선적 여객선 〈아스투리아스호〉를 타고 인도 남단 마드라스항으로 떠났다. 이들 포로에 대한 뒷이야기는 최인훈의 소설 『광장』(1960)이나 영화 「공동경비구역 JSA」(2000)의 중립국감독위원회 책임수사관(이영애 분)을 통해 세상에 알려졌다. 조국을 버린 이들이나 아직도 남북 간에 중요한 쟁점으로 남아 있는 국군포로 문제를 접할 때마다 다시 한 번 분단의 아픔, 동족상잔의 후유증을 절감하게 된다.

1.
용서받지 못할,
그러나 기억해야 할

_ 다시 돌아보는 한국전쟁

1953년 7월 27일 오전 10시, 3년 1개월 2일을 끌던 한국전쟁을 중단하는 휴전협정이 체결되었다. 협정이 체결된 그날에도 유엔군과 공산군 양측 모두 협정이 발효되는 밤 10시까지 공격을 멈추지 않았다. 공산군 측은 마지막 순간까지 남아 있는 모든 포탄을 쏘아댔다. 국군도 통일을 이루지 못하고 휴전이 이뤄진 데 대한 분노의 포격을 계속했다.

밤 10시가 되자 휴전선 일대에 침묵이 찾아왔다. 양측은 약속대로 밤 10시부터 72시간 이내에 현 전선에서 후방으로 2킬로미터 물러났다. 이렇게 해서 250만 명의 남북한 한국인, 40만 명의 중공군, 3만 6,900여 명의 미군 등 모두 300만 명에 달하는 사망자를 낸 전쟁이 '휴전'에 들어갔다.

전쟁은 한반도를 초토화했다. 개인의 재산은 물론이고 그나마 남아 있던 국가기간산업시설과 공공시설까지 대부분 파괴되었다. 320만 명의 피난민, 30만 명의 미망인, 10만 명의 고아들이 숨가쁜 생존의 기로에 놓였다. 그리고 남북한 주민들 가슴 속에 씻을 수 없는 깊은 증오심을 심었다. 이 상처뿐인, 용서받지 못할 전쟁의 시작과 경과를 정리해보자.

'미국 불개입'을 확신하고 시작한 남침, 국제전이 되다

부슬비가 하염없이 내리던 1950년 6월 25일 새벽 4시, 단잠에 빠져 있는 38선 인근의 한국군 부대 막사 위로 포탄이 우박처럼 쏟아졌다. 곧이어 소련제 T-34 탱크를 앞세운 북한 인민군 주력부대가 38선을 넘어 거침없이 남하했다. 선두에는 중국 내란을 통해 산전수전 다 겪은 조선인 3개 사단이 앞장섰다.

인민군은 사흘 만에 서울을 함락한 뒤 파죽지세로 남하했다. 서둘러 미국이 개입해 24사단이 먼저 경기도 평택-안성선에 저지선을 쳤으나 단 하루 만에 천안 방어선까지 무너졌다. 인민군은 이어 대전을 거쳐 삽시간에 대구 북쪽까지 진출했다.

미군을 주축으로 한 유엔군은 낙동강에 방어선을 치고 죽기 살기로 싸웠다. 그 사이에 유엔군 사령부는 반격 작전을 준비했다. 드디어 9월 15일 인천상륙작전이 성공하고 13일 후 서울을 탈환했다. 인민군의 병참선은 차단되고 병력은 남북으로 양분됐다.

전세가 역전됐다. 10월 1일 국군이 먼저 38도선을 넘고 8일 후 유엔군이 뒤를 따랐다. 10월 10일 원산이 점령되고 10월 19일 평양이 수중에 들어왔다. 평양이 점령된 날 30만 명에 달하는 중공

1.4후퇴 당시 서울을 탈출하는 피난민들. 전쟁 발발 당시 이승만에게 속은 전철을 밟지 않기 위해 노약자를 제외한 대부분의 서울 시민들이 서울을 탈출했다.

군이 압록강을 건너기 시작했다. 이날이 전쟁의 분기점이었다.

10월 말부터 중공군의 기습을 받은 유엔군은 다시 수세에 몰렸다. 맥아더 장군의 표현대로 '완전히 새로운 전쟁'이 시작된 것이다. 1951년 1월 4일 다시 서울을 내주는 1.4후퇴가 시작되었다. 유엔군은 평택-삼척선까지 밀려 내려갔다. 그러나 새로 부임한 리지웨이 미 8군 사령관의 지휘 아래 다시 북쪽으로 치고 올라가 지금의 휴전선까지 도달했다.

진쟁이 생각보다 길이지자 미국은 승리 대신 휴전을 택했다. 중국과 북한도 큰 피해를 감수하면서 전선을 남하시키기보다 이 선에서 휴전을 모색하는 방안을 택했다. 이렇게 해서 1951년 7월 10일 개성에서 휴전회담이 시작되었다.

1953년 7월 27일 판문점에서 휴전협정이 체결됐다. 10시 정각에 동편 출입문으로 유엔
군 대표 윌리엄 해리슨 중장(유엔기 왼쪽)이, 서편 출입문으로 북한 인민군 대표 남일
(인공기 오른쪽)이 들어섰다. 두 대표는 책상 위에 놓인 18통의 정전협정 문서에 일일이
서명했다. 서명은 12분 만에 끝나고 두 사람은 악수도 없이 퇴장했다.

　휴전회담이 전쟁포로 문제를 둘러싸고 질질 끄는 동안, 휴전선
에서는 고지쟁탈전, 수색정찰전, 진지전이 벌어지면서 사상자가 속
출했다. 이후 미국과 소련에 새 지도부가 들어서면서 조기 종전을
바라는 분위기가 고조됐다. 이렇게 해서 1953년 7월 27일 휴전협
정이 체결된 것이다.

파괴만 남고 다시 원점으로

　한민족에게 엄청난 피해를 준 전쟁은 아무 것도 해결하지 못한
채 문제를 봉합하는 것으로 끝났다. 그리고 한반도는 전 세계에서
가장 첨예한 냉전 지역으로 남았다.

　파괴만 남고 원점으로 돌아온 전쟁, 어쩌다 이렇게 됐을까?

　첫째, 서로를 너무 얕보았다. 김일성은 김일성대로, 이승만은 이
승만대로 자기를 과대평가하고 상대방의 힘을 너무 우습게 봤다.

서로 힘이 팽팽하면 싸움은 피하고 협상으로 풀어가야 하는데 외세만 도와주면 한 방에 무너질 줄 알았다. 북한이 기대했던 남쪽의 인민 봉기는 없었고, 지휘 계통이 무너지지 않은 국군과 경찰은 시간벌이에 성공했다. 미국과 남한 역시 30년 간 항일전과 내란으로 단련된 중공군의 저력을 무시했다.

둘째, 미국의 의도를 오판했다. 중국공산당의 대륙 정복은 일파만파의 영향을 미쳤다. 북한의 김일성과 베트남의 호치민은 고무되었고, 대만의 장제스는 옥쇄 아니면 대만 포기를 고려하던 시점이었다. 일본을 통치하는 맥아더 사령부는 국가 개조를 중단하고 다시 전범들을 내세워 재무장을 서둘렀다. 미국에서는 '중국을 상실했다'는 이유로 민주당이 수세에 몰려 정권을 내줘야 할 판이었다.

이런 상황에서 인민군이 남침하자 미국은 더 이상 양보할 수 없다는 판단 아래 거대한 병력과 무기, 물자를 한반도에 쏟아 부었던 것이다. 그러나 미국도 전쟁이 3년이나 가리라고는 예상하지 못했다.

한국전쟁이 각국에 미친 영향도 컸다. 각 나라별로 잃은 것과 얻은 것을 정리해보자.

한국전쟁이 끝나자 남과 북의 통일은 멀어져 가고, 전 세계적으로 냉전이 확산됐다. 남과 북 모두 국가 재건에 필요했던 경제 기반이 무너지고, 국가의 기둥이 되어야 할 수많은 젊은이들을 잃었다. 전쟁으로 인한 공포 분위기가 조성되면서 남에서는 중간파(조봉암 선생 등)가 제거돼 극우 정당들만 살아남았다. 북에서는 다양한 종파(국내파, 연안파, 소련파)들이 차례차례 쓸려 나가고, 김일성 직계만 남아 1당 독재 아래 세습 왕조의 길을 닦았다. 남에서 민주

장제스 총통. 한국전쟁 발발로 대만이 공산군에게 함락당할 위기를 겨우 모면했다.

화와 통일을 지향하는 세력이 다시 성장하는 데는 20년의 세월이 걸린다.

　30년 내전을 끝내고 국가 재건에 나서야 할 중국은 국제적으로 고립되고 대만 점령마저 멀어져 갔다. 중국이 일어서려면 20년 후 체결된 미국과의 수교에 이은 개혁과 개방을 기다려야 했다.

　한국전쟁을 교과서 삼은 미국은 베트남전쟁을 유사한 사례로 착각하고 개입했다가 뻘밭에 빠져버렸다. 미국은 베트남의 역사와 지형, 통일된 지도 세력의 힘을 얕봤다.

　반면 일본과 대만, 서독은 재기했다. 일본을 중국과 북한을 견제하는 강대국으로 만들기 위한 미국의 플랜이 시작됐다. 거기에 일본의 뛰어난 기술력과 단결력이 가세해 일본 경제가 무섭게 일어나기 시작했다. 이후 그들의 경제력은 동남아는 물론 한국까지 장악해 들어갔다. 한반도의 분열과 전쟁의 원인 제공자가 강대국으로 부활하는 아이러니가 연출됐다.

미국은 곧 닥칠지 모를 중국의 대만 침공을 막기 위해 7함대를 대만 해협에 배치하고 장제스의 국민당 정부에 군사적, 외교적 지원을 아끼지 않았다. 덕분에 대만은 유엔에서 20년 이상 상임이사국 자리를 지키게 된다.

서유럽도 나토(북대서양조약기구)를 중심으로 소련의 서진을 막고 서독의 재군비와 경제 부흥을 돕는다. 한국전쟁은 2차대전 패전국인 일본과 독일이 부흥하는 결정적인 계기를 만들었다.

북한은 어디로 갈까?

반면에 한반도에는 암울한 가난과 증오심만 자리 잡았다. 남북한 모두 3년의 전쟁 기간에 비로소 국가 형태를 갖추고 급격하게 병영국가로 자리 잡는다. 군대와 군사력을 과도하게 유지하느라 남북 모두 민생은 도탄에 빠졌다. 또, 양측의 군대가 올라가고 내려가는 사이에 반대파와 중간파를 모두 처단해 기형적인 정치 체제가 자리 잡았다. 북에서는 극좌, 그것도 김일성의 직계 빨치산 계열만 남기고 다른 정치 세력을 숙청해 세습의 토대를 쌓는다. 남쪽에는 좌파와 중간파가 사라지고 극우파만 남게 되고 팽창한 군사력을 토대로 군사정권이 들어선다.

남북한 주민 모두 전쟁 와중에 가족과 집과 재산을 잃고 굶주림에 시달리면서 서로에 대한 증오심을 키웠다. 민족보다 이데올로기가 7천만 한민족을 지배하는 강력한 도그마로 작용한다. 이 증오심이 독일과 우리의 차이다. 한국전쟁만 없었다면 우리도 독일식

평화 공존과 교류가 얼마든지 가능했다.

전쟁이 끝난 후 북에는 미 공군의 공습을 피하기 위해 뚫어놓은 땅굴 외에는 남아 있는 것이 없었다. 북한 최고의 유서 깊은 도시였던 평양만 하더라도 중심부에 있는 백화점 하나 빼놓고는 허허벌판만 남았다. 미 극동공군사령관의 호언대로 북한은 '석기시대'로 돌아간 것이다.

이후 남한처럼 경제 발전이나 민주화, 활발한 대외 경제교류의 길을 걷지 못한 북한의 앞날은 암담하기만 하다. 인민은 굶주리고 말할 자유도 없는 시대착오적인 왕조 체제를 굳힌 이 병영국가의 앞날은 비관적일 수밖에 없다.

남북한 모두에게 한국전쟁은 끝나지 않았다.

"독립투사들이 내 부친을 죽였는데
어떻게 잘해주나?"

_ '정치경찰'의 원조 장택상의 막가파식 인생행로

탕! 탕! 탕!

1917년 11월 9일 저녁 6시, 경북 구미시 오태1동의 고대광실에서 총성이 울렸다. 대한광복회 회원 3명이 이 집의 주인 장승원에게 권총을 발사하는 소리였다. 이들은 총을 쏜 후 담장에다 포고문을 붙였다.

조국 광복에 협조하지 않은 대죄인을 처단한다

우리 독립운동사에 '광복회 사건'으로 기록된 이 사건을 진두지휘한 인물이 박상진 의사다. 박상진 의사는 1910년 사법고시에 합격해 판사로 임용됐으나 나라가 망하자 대한광복회를 설립해 총사

나라가 망하자 판사직을 내던지고 무장투쟁에 나선 박상진 의사.

령으로 무장투쟁을 벌이고 있었다. 그는 중국에 가서 권총을 10여 정 갖고 와 부하들에게 나눠준 뒤 광복운동을 위한 군자금 모집 작전을 벌였다. 먼저 구한말에 경상북도 관찰사를 지낸 대부호 장 승원에게 군자금 지원을 요청했다가 그가 단호히 거부하고 일본경 찰에게 밀고하려 하자 처단한 것이었다.

이렇게 죽은 장승원에게는 아들이 셋 있었다. 큰아들 길상과 둘째 아들 직상은 아버지가 피살되자 근거지를 대구로 옮겨 땅을 판 돈으로 은행을 세웠다. 길상은 소작인들에게 가혹한 소작료를 거두고 친일 행각을 벌이다 인심을 잃어 대구를 떠나 경성으로 올라 갔다. 직상은 대구상공회의소 회장에 이어 총독부 중추원 참의에 오르는 등 출세가도를 달리면서 정성을 다해 친일 행각을 벌였다.

장승원의 셋째 아들이 유명한 장택상이다. 그는 친일 경력은 없었지만 해방 후 좌익과 독립운동가 탄압에 적극 나서기 시작했다.

미 군정, 장택상을 발탁하다

해방 후 남한에 상륙한 미군의 첫 작업은 지리멸렬해진 식민지 경찰의 복원이었다. 미군은 도망간 친일경찰들을 찾아내 떠나간 일본경찰의 공백을 메웠다. 그리고는 경찰의 최고 우두머리인 경무부장에 조병옥을, 수도 서울의 치안 책임자에 장택상을 임명했다. 두 사람 모두 친일을 하지는 않았지만 반공사상이 투철하고 이승만을 옹립하려는 한민당원인데다 무엇보다 영어가 유창한 친미파라는 공통점이 있었다. 이들과 미 군정은 치안을 안정시킨다는 명목으로 경찰관을 대거 채용했다.

일제 말기에 조선의 전 경찰관은 2만 명이었는데 1946년 10월에 남한만 2만 5천명으로 늘렸다. 남한만 놓고 보자면 2배로 늘어난 것이다. 장택상 수도경찰청장이 3년 가까이 경찰을 지휘하면서 심혈을 기울인 사업은 이렇게 정리된다.

1. 친일 경력을 가진 경찰관을 중용해 수족처럼 부려먹는다.
2. 이들의 물리력을 이용해 이승만을 대통령으로 추대한다.
3. 좌익을 때려잡는다.
4. 내 아버지를 죽인 독립운동가들을 탄압해 가슴에 맺힌 울분을 푼다.

장택상은 이 4가지 과제를 완벽하게 수행했다. 아니, 너무 철저

하지 미군정사령관의 연설을 통역하고 있는 장택상(오른쪽). 유창한 영어가 그의 무기였다.

하게 수행하느라 남북 간의 대립을 심화시키고 민족정기를 훼손하고 수많은 국민의 가슴에 한을 심어 놓았다. 1946년 10월에 발생한 대구폭동을 겪은 어느 공무원의 회고를 들어보자.

"사람들이 모두 대구경찰서 앞에 집결했습니다. 나도 경찰서로 가는데 한 사람이 심하게 두들겨 맞아 길가에 앉아 있는 모습을 보았어요. 유혈이 낭자하게 부상을 입고 넋이 빠진 채 말도 못하고 있는 사람을 몇 사람이 둘러서서 구경만 하고 있더라고요. 주위 사람들에게 왜 저리 됐는지 이유를 물었더니 '뭐, 못되게 하다가 그리 됐지'라고 하더군요. 그날 대구 시내 분위기는 친일경찰이나 일본놈 앞잡이를 하면서 상당히 미움받았던 사람들을 모두 끄집어내 두들겨 팼던 것 같아요."

"진압 후 대구에 도착한 수도경찰청장 장택상은 '폭동에 가담했던 폭도들을 모조리 체포, 구속하고 주모자는 즉결처분 해버리라'고 지시했습니다. 이후 피바람이 불었습니다. 경무부 고문인 윌리엄 매글린 대령이 '민주경찰이 국민의 생명을 파리 목숨만큼도 여기지 않으니 이럴 수가 있느냐?'고 장택상에게 항의할 정도였습니다."

악질 친일경찰이 일본놈들이 물러간 뒤에도 대로를 활개치면서 권력을 휘두르니 전국 곳곳에서 이런 사태가 발생한 것이다. 친일경찰을 패면 다시 경찰의 보복이 뒤따르고, 다시 집단으로 몰려가고……. 이 격한 대립을 공산당이 교묘하게 이용했으니 결과적으로 장택상의 조치는 적을 이롭게 한 셈이다.

장택상, 독립운동가들을 탄압하면서 가문의 원한을 풀다

장택상은 공산당을 박멸하고 이승만에게 대권을 넘겨주려고 설치다가 금기의 영역을 넘어버렸다. 반공주의자인데도 이승만에 반대한 김구 선생의 임시정부 계열과 중도 세력까지 좌익으로 몰아 숨도 못 쉬게 탄압한 것이다. 대표적인 예가 중국에서 항일 테러 활동과 무장 독립 투쟁을 벌인 의열단장 김원봉이다. 어느 독립운동가는 이렇게 회고했다.

"엄청난 현상금을 걸고 끈질기게 추적해 온 왜경이었으나 한 번도 붙잡히지 않았던 김원봉 장군이다. 그런데 해방되었다는 조국에서 점령군으로 들어온 미군의 지휘를 받는 친일경찰에게 체포된 것이다. 이른바 좌익이라는 딱지가 붙은 독립투사들이 다 당했듯이 김원봉 또한 인격적 모욕과 함께 심한 구타와 고문을 당했다."

"김원봉을 붙잡아간 사람은 노덕술이었다. 일제 때 종로경찰서 형사로 있으면서 독립운동가를 붙잡아 악랄한 고문을 하던 악질 친일경찰로, 김원봉 장군이 거느리던 '의열단의 처단 명단'에 올라 있던 자였다. '김원봉이를 반드시 잡아오라'고 특명을 내린 사람은 수도경찰청장인 장택상이다. 노덕술이 김원봉을 묶어 장택상 앞으로 끌고 갔을 때였다. 두둑한 보상금을 받고 일계급 특진까지 할 꿈에 부푼 노덕술은 '하이!' 하며 차렷 자세를 취했다. 뜻밖에 장택상은 소리를 질렀다. '이 바보 같은 놈아! 정중히 모셔오랬지, 이렇게 불경스럽게 했나?'라며 송구스럽다는 듯 묶인 것을 풀어주는 것이었다."

완전히 패고 어르고 하며 독립운동가를 갖고 노는 모습이다. 수모를 당한 김원봉 장군은 친일파가 득세하고 있는 남한 땅을 떠나 평양으로 갈 결심을 굳힌다.

김원봉 장군과 함께 의열단 활동도 하면서 젊은 날 총을 들고 일본군과 싸웠던 김성숙 선생도 똑같은 수모를 당한다. 그는 승

조선의용대 대장 시절의 김원봉. 평생을 반일 무장 투쟁을 벌였던 그는 장택상과 노덕
술에게 수모를 당한 뒤 북한으로 넘어간다.

려 출신으로 중국에 망명해 무장 투쟁을 벌이면서 님 웨일즈가 쓴
『아리랑』의 주인공 김산 등 젊은 독립운동가들을 양성했다. 그런
김성숙 선생이 해방된 조국에서 미 군정법을 위반했다고 징역 6개
월, 간첩 사건 누명을 쓰고 6개월, 5.16쿠데타 직후에는 그냥 혁신
계였다는 이유로 아무 죄 없이 1년 6개월 옥살이를 했다. 그를 잡
아가고 문초한 경찰들은 죄다 장택상이 키운 친일경찰이었다.

장택상이 수도경찰청장에 기용됐을 때 국일관에서 열린 축하연
에서 몇몇 사람이 충고를 했다.

"이제 군정의 경찰권을 장악했으니 독립운동가에게도 잘해야지
않겠습니까?"

이에 대한 장택상의 대답은 냉정했다.

『아리랑』에 '조선의 붉은 승려'라고 묘사
된 독립운동가 운암 김성숙. 해방된 조
국에서 온갖 고초를 겪는다.

"나는 그들을 동정할 수 없어요. 내 아버지가 독립운동가들에게
죽었는데 어떻게 동정하란 말입니까?"

대한민국 정부가 수립되자 장택상은 경찰을 총동원해 '이승만 대
통령 만들기'에 나섰던 공을 인정받아 초대 외무부장관에 발탁된
다. 그러나 1948년 5.10선거와 이후의 두 차례 보궐선거에서 계속
낙선한 것을 보면 국민들에게 얼마나 부정적인 이미지를 가졌는지
를 알 수 있다. 겨우 네 번째 선거에서 국회의원으로 당선돼 민의
원 부의장도 지내고 1952년에는 그토록 갈망하던 국무총리로 취임
한다.

국무총리로 일하면서 장택상이 남긴 업적은 딱 하나, 이승만의
재선을 위해 헌법을 뜯어 고친 '발췌개헌안' 추진 뿐이다. 재미있는
것은 그가 죽은 후 우리 현대 정치사의 거목이 되는 김영삼, 김대

중 두 정치인이 장택상의 비서를 거쳤다는 사실이다. 양 김 씨를 거느릴 수 있었던 것은 5.16쿠데타 이후 장택상이 돌연 민주투사로 돌변해 야당 생활을 했기 때문이다.

박정희와의 악연, 대지주의 아들 vs 소작인의 아들

5.16쿠데타로 박정희가 정권을 잡자 가장 충격을 받은 사람 중 하나가 장택상일 것이다. 두 사람 다 금오산 기슭에서 태어나 같은 동네서 자란 동향인이지만 신분은 하늘과 땅 차이였다. 두 집은 경부선 철길 하나 사이로 2킬로미터 정도 떨어져 있었다. 장택상 집안은 해방 무렵까지만 해도 영남 제일의 대부호 만석꾼으로 고향에서는 남의 땅을 밟지 않고 다닐 정도였다. 부잣집 아들인 장택상은 어린 시절 일본으로 건너가 야마구치현에서 소학교를 다니고 도쿄에서 와세다대학에 입학해 공부하다가 영국 에든버러대학에서 경제학을 공부했다. 대부호답게 취미도 고미술품 수집이다. 관직도 대통령 빼고는 다 거쳤다.

반면 박정희 일가는 전형적인 소작인 집안이다. 아버지가 처음에는 묘지에 딸린 논밭 여덟 마지기 농사를 짓다가 도저히 생활이 안 되자 장택상의 아버지에게 머리를 조아려 다섯 마지기를 소작하며 생계를 이어갔다. 소년 박정희는 가을 추수가 끝나면 둘째 형 무희가 지게에다 도지(논밭을 빌린 삯)와 마름에게 줄 씨암탉을 지고 장택상 저택으로 가는 모습을 보면서 자랐다고 한다. 이런 집안의 막내 아들이 자신의 평생 꿈이었던 대통령이 되었으니 '도련님' 장택상의 심정이 어땠을까?

박정희가 집권하자 장택상은 돌연 야당에 입당했다. 그는 군정연

훈시를 하고 있는 장택상 국무총리(위). 현대사의 거목인 김영삼(아래 왼쪽), 김대중(아래 오른쪽). 양 김 씨는 앞서거니 뒷서거니 하며 장택상의 비서를 지냈다.

장반대투위 고문, 대일굴욕외교반대 범국민투쟁위원회 의장 등을 지내며 반(反)박정희 운동에 앞장섰다. 사석에서도 '박정희 씨', '박정희 군'이라고 낮춰 부르며 독설을 늘어놓아 이 얘기를 전해들은 박정희가 분기탱천했다고 한다. 같은 대통령이라도 이승만 같은 명문가 출신에게는 충성을 바쳐도 소작인 출신의 대통령은 인정할 수 없었나보다.

결국 박정희 정권의 조직적인 방해로 제6대 국회의원 선거에서 낙선하고 출국금지 대상에 오르자 비굴한 내용의 항복 편지를 보내 겨우 해외여행을 다녀올 수 있었다. 정말 인생사 새옹지마다.

9.
카퍼레이드까지 벌여주며
"베트남에 한국군 보내라"

_ 곳간에 쌀은 쌓였지만 베트남 민족에게 고통을 안겨준 베트남 참전

1965년 5월 16일 오후, 박정희 대통령 부부와 수행원들은 존슨 미국 대통령이 보낸 대통령 전용기 보잉 707에 몸을 실었다. 당시 가난한 나라 한국은 대통령 전용기도 없었지만 미국 대통령이 자기 전용기를 이 작은 나라에 보낸 것은 드문 사례였다. 당시 베트남전쟁이라는 뻘밭에 빠진 미국으로서는 한국의 도움이 그만큼 절실했던 것이다.

다음 날 워싱턴에 도착한 박 대통령을 백악관에서 영접한 존슨 대통령은 큰 리무진에 동승해 영빈관까지 카퍼레이드를 벌였다. 13만 명의 시민들이 환호하는 가운데 앞차에는 양국 정상이, 뒤차에는 양국 영부인이 타고 21대의 모터사이클이 선도하는 행렬이었다.

이날 오후 5시 백악관에서 한미정상회담이 열렸다. 존슨 대통령

뉴욕에 도착한 박 대통령 내외는 카퍼레이드에서 100만 인파의 환영을 받았다.

이 물었다.

"우리는 한국에 대해 가능한 모든 원조 수단을 동원할 생각입니다. 월남에 한국군을 추가로 파견할 수 있습니까?"

박정희 대통령은 이렇게 대답했다.

"국민들 사이에 너무 많은 병력을 월남에 파견하게 되면 휴전선 방어력이 약화되고 북한의 모험을 유발하지 않을까 걱정하는 이들이 많습니다. 그렇지만 우리는 월남에 병력을 증파할 생각을 갖고 있습니다."

이틀 후 뉴욕에 도착한 박정희 대통령 일행은 시내로 들어가면서 또다시 카퍼레이드를 벌였다. 번화가인 브로드웨이를 지나가는 동안 고층 건물에서 오색종이들이 눈처럼 쏟아졌다. 한국 대통령에 대한 이 같은 융숭한 대접은 이전에도 없었고, 앞으로도 없을 것이다.

사실 한국군의 베트남 파병 문제는 존슨 대통령의 전임자인 케네디 대통령 시절에 처음 논의되기 시작했다. 군사 쿠데타로 집권한 박정희 정권은 베트남 파병을 적극 서둘렀다. 쿠데타 승인을 받기 위해 1961년 11월 미국을 방문한 박정희 국가재건최고회의 의장은 베트남전쟁과 관련해 미국에 협력할 의사가 있음을 밝혔다. 이에 대해 케네디 대통령은 감사의 뜻을 밝히고 이후에 차차 검토해 나가자고 말을 흐렸다. 당시 케네디는 베트남에 대한 적극 개입과 전면 철수, 두 가지 방안을 놓고 고민하는 중이었다. 결국 케네디는 뚜렷한 결론을 내리지 못하고 댈러스에서 암살되고 만다. 그러나 후임 존슨은 달랐다.

한국 정부, 초조한 미국을 상대로 철저하게 실리를 챙기다

존슨 정부는 1964년 봄부터 베트남전쟁에 보다 적극적으로 개입할 것을 공식 결정했다. 이때부터 남베트남의 게릴라 소탕을 위한 병력을 차례차례 상륙시키는 한편, 북베트남에 대한 폭격을 개시했다. 미군은 최대 54만 명까지 늘었지만 거기까지였다. 결국 한국 등 25개 우방국에 베트남 파병을 요청했다. 여기에 긍정적으로 응답한 나라는 한국과 태국, 호주, 필리핀, 뉴질랜드뿐이었다. 또한 수만 명 규모의 군대를 파견한 나라는 한국뿐이었으며 다른 나라

케네디 대통령 부부와 박정희 당시 국가재건최고회의 의장의 모습. 박정희 의장은 케네디와의 첫 번째 만남에서 한국군의 베트남 파병을 제안했다.

들은 겨우 수백 명을 파병하며 생색내기에 그쳤다. 이때부터 미국은 적극적으로 한국에 매달리기 시작했다. 미국의 파병 요청을 받은 한국은 우선 130명 규모의 이동외과병원과 10명으로 편성된 태권도 교관단을 베트남에 보냈다. 그러나 이 정도로 만족할 미국이 아니었다.

1964년 12월 18일, 브라운 주한 미국 대사는 남베트남에서 후방 지원을 맡을 비전투 부대의 파병을 요청하는 존슨 대통령의 친서를 청와대에 전달했다. 이번 파병도 일사천리로 진행돼 2,000명 규모의 비둘기부대가 1965년 3월 사이공 동북쪽 지안에 도착해 사이공 외곽도로 건설 등 각종 지원 업무를 시작했다.

베트남 상황이 더 악화되자 결국 미국은 1개 사단의 파병을 요

1964년 7월 14일에 열린 제1이동외과병원 창설식. 건군 이래 최초의 해외파병부대 창설이었다.

청했다. 한국 정부는 이번 기회에 받을 건 다 받자는 생각을 갖고 다양한 요구 조건을 내걸었다.

1. 파병 병력의 상한선은 5만 명 이내로 한다.
2. 한국군의 현대화를 지원한다.
3. 북한이 침공하면 미군이 즉각 출동할 수 있도록 한미방위조약을 개정한다.
4. 파병에 드는 경비는 미국이 부담한다.
5. 남베트남에서 사용할 군수품 보급 등 한국의 남베트남 시장 진출을 보장한다.

베트남 전쟁에 참전할 장병들이 서울역을 향해 시가행진을 하고 있다.

이 서한을 받은 존슨 대통령은 박 대통령을 미국으로 초청해 화끈하게 대접한 다음, 요구 조건을 대부분 받아들였다. 이렇게 해서 수도사단과 제2해병사단을 개편한 맹호부대와 청룡부대가 1965년 10월에 베트남으로 출발해 중부 베트남 해안가를 중심으로 작전을 벌인다.

그러나 이걸로 끝날 만큼 베트남전 상황은 녹록지 않았다. 베트남 곳곳에서 보이지 않는 적 '베트콩'에게 매번 당하고 있는 미군은 점차 초조해지기 시작했다. 다급해진 존슨 정부는 험프리 부통령을 특사로 파견해 한국의 안보 보장과 지원을 약속하면서 추가 파병을 요청했다.

파병에 따른 조건을 둘러싸고 브라운 주한 미 대사와 이동원 외무장관 간에 협상이 진행되었다. 양보에 양보를 거듭한 미국은 한국군의 장비 현대화, 한국군 파병에 따른 경비의 전액 부담, 파병 한국군에 대한 처우 개선, 전쟁으로 형성된 특수(特需)에 한국 기업들이 참여하는 것을 보장하는 14개 조항의 '브라운 각서'를 제출했다. 이 각서는 대한민국의 꽃다운 젊은이들이 다른 나라를 위해 목숨을 바치고 얻은 최대 성과였다. 이 각서가 실행됨에 따라 베트남전 참전 기간인 8년 동안 막대한 달러가 한국으로 흘러들어오게 된다.

보병 9사단을 중심으로 재편된 백마부대는 1966년 4월 6일 환송식을 갖고 베트남으로 출발했다. 이로써 군단급으로 확대된 한국군은 매년 4만 5,000명 정도가 베트남에 주둔하며 독자적인 작전을 실시한다.

경제 성장의 동력, 그러나 지불해야 할 대가도 컸다

1973년 1월 23일 파리에서 베트남 평화협정이 조인됨에 따라 베트남에 주둔한 모든 외국군은 철수길에 오른다. 한국군도 철수를 시작해 3월 23일 후발대 118명이 귀국길에 오름에 따라 8년 6개월 동안 파병되었던 한국 병사들은 모두 베트남을 떠나게 된다.

그동안 참전 군인만 32만 5,517명이었고 전사자 5,099명, 부상자 1만 1,232명, 실종자 4명이 발생했다. 참전 군인 가운데 2만여 명이 오늘날까지 고엽제 후유증 등에 시달리고 있는 것으로 알려졌다.

그렇다면 한국은 베트남전쟁을 통해 얼마나 많은 실익을 얻게 되었을까?

베트남에서 도로공사를 하고 있는 우리 근로자들. 베트남전이 끝나자 달러벌이를 위해 이번에는 중동으로 진출한다.

베트남 파병 직전인 1963년 한국의 1인당 국민소득은 100달러로 북한의 140달러의 70% 수준이었다. 연간 수출 총액이 1억 달러도 채 안 되는 9,300만 달러에 불과했으니 5,000억 달러를 넘어선 지금에 봐서도 정말 가난한 나라였다. 그 가난을 벗어나는 계기 중 하나를 베트남 파병이 만들었다.

필자의 어린 시절에도 참전 용사나 베트남에서 사업을 하는 이웃집에 TV가 들어와 온 동네 사람들이 옹기종기 모여 앉아 함께 TV를 시청하고, 커피라는 음료를 처음 맛보았던 기억이 난다. 부산의 한 마을에서는 대형 솥에 커피를 끓여 주민들 수백 명 전원이 한 사발씩 마셨다. 한여름밤 잠이 안 오자 주민들은 "미제 숭늉을 마시면 왜 잠이 안 오는 거지?"라고 반문했다고 한다.

병사들과 기술자들이 보내온 달러로 한국의 베이비붐 세대는 학

베트남의 농촌 지역에서 전투를 벌이고 있는 청룡부대. 용감하게 싸웠지만 아군의 피해가 발생하면 무자비하게 보복하는 것으로 유명했다.

비를 조달했다. 파병에 따른 경제적 효과는 대략 50억 달러로 추정된다. 이 50억 달러는 1963~1964년을 기준으로 하면 50년 간의 수출 총액에 맞먹는다. 일본의 35년 식민 지배에 대한 보상금과 비교해보면 그 규모가 실감난다. 일본이 제공한 대일청구권 자금은 무상원조 3억 달러, 재정차관 2억 달러, 민간 상업차관 3억 달러 등 모두 합해 8억 달러에 불과했다.

한국이 참전 대가로 베트남전 특수(特需)를 누리고 있는 동안 베트남 국민들은 어떤 상황에 있었을까? 아주 쉬운 비유를 하자면, 한반도를 침략한 일본군에 맞서 우리가 독립운동을 벌이는 와중에 일본의 우방 베트남 군대가 상륙해 우리 독립군 등에 총을 쏘고 있는 모습을 상상하면 된다.

미안해하는 한국, 미래만 생각하자는 베트남

종군기자로 베트남전쟁을 취재했던 안병찬 전 「한국일보」 사이공
특파원은 이렇게 조언했다.

> "베트남에 대한 시각을 바꿔야 합니다. 베트남전쟁이 아니라
> 베트남 통일전쟁입니다. 이제 우리의 상대는 부정과 부패로
> 망한 남베트남이 아니라, 단결과 인내로 분열된 나라를 통일
> 한 북베트남입니다. 프랑스와의 독립전쟁, 미국과의 통일전
> 쟁, 중국과의 국경분쟁에서 모두 승리했던 이들을 우리 한
> 국인들이 존중해줄 필요가 있습니다."

베트남은 통일 후 개혁, 개방정책을 내세우면서 어제의 적국인
한국에 먼저 수교를 요청했다. 베트남 정부는 한국의 경제 개발 경
험을 벤치마킹하고 싶다는 희망을 갖고 있었다. 한국이 빠른 시일
안에 고도 경제성장을 달성했고, 역사적 경험이나 문화적 여건이
비슷하기 때문이다. 이렇게 해서 한국군이 베트남에서 철군한 후
19년 만인 1992년에 두 나라는 외교 관계를 정상화하고 빠른 속도
로 베트남에 대한 투자가 진행되고 있다.

수교를 위한 협정을 맺을 때 이상옥 장관은 정중하게 과거사를
사과했다. 이어 1998년 베트남을 방문한 김대중 대통령은 "양국
간의 불행했던 과거에 대해 유감으로 생각한다."고 사과했다. 김 대
통령은 2001년 방한한 쩐 득 르엉 베트남 국가원수에게 "불행한
전쟁에 참여해 본의 아니게 베트남 국민에게 고통을 준 데 대해
미안하게 생각하고 위로의 말씀을 드린다."고 재차 공식 사과했다.

1992년 12월 22일 이상옥 당시 외무부장관이 하노이를 방문해 베트남의 외교부장관과 함께 양국의 수교를 위한 협정서에 서명했다.

노무현 대통령도 2004년 베트남을 방문한 자리에서 "우리 국민들에게 마음의 빚이 있다. 그만큼 베트남의 성공을 간절히 바란다."고 밝혔다.

이에 대해 베트남 당국자들의 한결같은 반응은 "우리는 과거를 잊고 미래만 바라보고 있다. 그 아픈 역사를 '기억은 하되' 용서하겠다."고 포용했다.

베트남 통일전쟁.

피해자인 그들은 용서하겠다고 하지만 가해자였던 한국은 결코 잊어서는 안 될 뼈아픈 과거가 아닐까 한다.

10.
슬픈
무령왕릉

_ 최초의 '처녀 왕릉' 무령왕릉 발굴에 얽힌 씁쓸한 해프닝

"어, 이게 뭐지?"

일본인 교사 가루베가 공주 송산리 고분군의 6호분을 싸그리 파헤친 지 39년이 지난 1971년 7월 5일 6호분의 뒷산. 배수로를 파던 인부의 삽에 뭔가 단단한 물체가 부딪쳤다. 흙을 구워 만든 벽돌이었다. 조금씩 파내려가 보니 벽돌을 쌓아 만든 아치형 구조물이 보였다.

가루베가 죄다 도굴해버린 6호분은 벽면 사방에 「사신도」만 남고 도굴되는 과정에서 천장이 훼손돼 물이 스며들었다. 또 여름만 되면 무덤 안과 밖의 기온 차이로 이슬이 생겨 벽화가 훼손되고 있었다. 그래서 그해 여름부터 배수로를 만들기 위해 뒤쪽 언덕을 파내려가게 되었다. 그러다 인부의 삽날에 왕릉 입구의 전돌이 걸

공주 송산리 고분군. 제1호분부터 6호분까지 일제에 의해 파헤쳐졌다. 유일하게 온전한 자태가 남은 무령왕릉은 졸속으로 발굴되었다.

린 것이다. 인부들은 서둘러 공사 책임자인 김영배 공주박물관장을 찾았다.

김영배 관장은 그날 새벽에 기이한 꿈을 꾸었다. 돼지인지 해태인지 모를 괴상하게 생긴 짐승이 자신에게 달려드는 꿈이었다.

"무슨 짐승일까?"

이 꿈의 의미를 알지 못한 채 연락을 받고 현장으로 급히 달려갔다. 공사 현장에서 점점 파내려가니 벽돌로 만든 아치형 구조물이 보였다. 다음 날까지 흙을 파헤치니 이 구조물이 6호분이 아닌 또 다른 무덤의 입구라는 것이 확인되었다. 지금까지 알려지지 않은 새로운 백제 무덤이 세상에 모습을 드러낸 것이다. 곧바로 공사가 중단되고 서둘러 문화재관리국에 신고를 했다.

보고를 받은 문화공보부장관은 김원룡 국립중앙박물관장을 단장으로 한 발굴단을 파견했다. 7월 7일 오후에 현장에 도착한 발굴단원들은 벽돌로 쌓은 구조물이 또 다른 전실묘의 입구임을 확인했다.

그러나 그날 밤 큰비가 내리면서 쏟아지는 빗물을 밖으로 내보내는 배수구 설치 공사를 밤늦게까지 벌였다. 그래서 이튿날 아침에 무덤의 문을 열기로 하고 철수했다. 이때만 해도 발굴단은 무덤은 맞지만 도굴되지 않은 처녀분 '무령왕릉'일 줄은 꿈에도 몰랐다. 백제고분은 신라고분과 달리 출입할 수 있는 구조이기 때문에 열면 열 모두 도굴됐기 때문이다. 또 이번 발굴 작업이 세계사에 유례없는 대참사로 끝나리라고는 상상도 하지 못했다.

아수라장이 된 현장, "나도 한 번 구경하자"

7월 8일, 어떻게 알았는지 「한국일보」가 공주에서 왕릉을 발견했다는 사실을 특종보도했다. 이 바람에 보도진과 구경꾼들이 꾸역꾸역 송산리로 몰려들었다. 발굴단은 아침 8시쯤부터 인부를 투입해 무덤 입구로 파내려가기 시작했다. 오후 3시쯤 무덤 입구가 나타났다. 발굴단은 일단 막걸리와 수박 1개, 북어 3마리를 올려놓고 위령제를 지냈다. 이어 김원룡과 김영배가 막아 놓은 부분의 맨 위 벽돌 2개를 들어냈다.

순간, 무덤에서 새하얀 수증기가 새어나왔다. 1,400년 이상을 밀폐 상태로 갇혀 있던 찬 공기가 바깥의 더운 공기를 만나 하얀 수증기로 변한 것이다.

마침내 무덤을 열고 안으로 들어간 두 사람은 깜짝 놀랐다. 무덤이 조성된 뒤 한 번도 개봉되지 않은 처녀분을 만난 것이다.

1,442년 만에 모습을 드러낸 무령왕릉 입구.

김영배는 꿈에 본 멧돼지처럼 생긴 돌짐승을 보고 크게 놀랐고, 김원룡은 입구에 놓인 무령왕의 지석(誌石)을 보고 놀랐다. '석수'라고 불리는 돌짐승은 악귀를 쫓아 죽은 이를 지키는 일종의 수호신이다. 지석은 왕릉 주인공의 신원과 조성 연도 등을 새긴 돌이다. 수많은 왕릉이 발굴되고 도굴되었지만 그 무덤이 어느 왕의 무덤인지를 확실한 기록과 유물로 알려준 것은 무령왕릉이 최초였다.

이때부터 발굴 책임자들을 시작으로 다들 흥분하여 이성을 잃었다. 무덤에 들어간 지 20분 만에 두 사람이 나와 무령왕릉 발견 사실을 발표했다. 발굴 현장은 집단 패닉에 빠졌다. 보도진들이 앞다투어 들어가려고 하자 유물 훼손을 막기 위해 한 언론사 당 서너 장만 찍기로 했지만 약속은 하나도 지켜지지 않았다. 심지어 무덤 안에 함부로 들어가 촬영하다가 청동 숟가락을 밟아 부러뜨리는 불상사도 일어났다. 뒤늦게 도착한 모 기자는 자기네 신문사에 연락이 늦었다며 문화재관리국 과장의 뺨을 때렸다. 구경꾼을

무령왕릉 문을 열자 나타난 장면.

통제해야 할 경찰들마저 "나도 한 번 구경해보자."며 구경하려는 대열에 앞장섰다고 한다.

　이런 중요한 유물이 발굴되면 맨 먼저 경찰의 협조를 받아 철조망을 둘러쳐서 외부인의 출입을 철저히 막고 충분한 장비를 갖춘 다음 몇 달이고 몇 년이고 눌러 앉아 연구를 했어야 했다. 그러나 발굴단은 아수라장이 된 현장 안쪽에서 긴급회의를 연 끝에 사고 방지를 위해 신속하게 발굴을 끝내기로 했다. 있을 수도 없고, 있어서도 안 되는 한심한 결정을 내린 것이다.

17시간, 부끄럽고 어처구니없는 발굴

　발굴단은 급조된 발전기로 마련한 전등 2개를 갖고 철야 작업에 들어갔다. 조사팀을 2개로 나눠 한 팀은 왕 쪽을, 다른 팀은 왕비 쪽을 맡아 사진 촬영과 실측 작업을 벌였다. 속전속결로 진행한

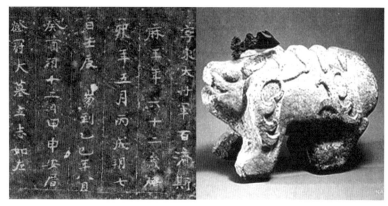

무령왕릉에서 출토된 지석(왼쪽)과 석수.

작업은 밤 10시쯤 마무리됐다고 하니, 이건 그냥 통에다 유물을 마구 쓸어 담은 셈이다. 자정쯤부터 유물을 밖으로 반출하기 시작해 다음 날 아침 9시 경 바닥 청소까지 끝냈다. 처음 무덤에 들어간 지 17시간 만에 모든 조사와 유물 수습을 끝낸, 그야말로 기네스북에 오를 기록을 남겼다.

예를 들어 유리구슬만 하더라도 수천 점이 넘는데, 제대로 된 발굴이라면 이 구슬 하나하나를 도면에 표시하고 서로 어떻게 연결됐는지를 밝혔어야 했다. 그러려면 최소한 몇 달의 시간이 필요했다. 제대로 된 사진기도 없어서 당시 성능 좋은 사진기를 갖고 있다는 공주 지역 사진작가 이상우 씨를 급하게 불렀다.

이렇게 해서 무령왕릉에 묻혀 있던 수천 점의 유물이 담고 있던 어마어마한 정보는 한순간에 사라졌다. 한 번 움직인 유물은 제자리에 놓을 수 없고, 그 유물이 갖고 있던 정보는 복원되지 않기 때문이다.

이 혼란의 와중에 김영배 관장은 몰래 중요 유물을 상자에 넣어 고속버스를 타고 청와대로 갔다. 일종의 충성 경쟁이 시작된 것이다. 이때 박정희 대통령은 은팔찌 같은 걸 휘어보고 해서 다들 기겁을 했다고 한다. 김 관장은 유물을 갖고 다시 고속버스를 타고 공주로 돌아왔다. 국보급 유물을 운송 차량이나 호위도 없이 달랑 상자에 넣어 고속버스로 이동한 것도 전무후무한 일이다.

한편 대통령이 유물을 갖고 노는 것을 TV로 본 공주 시민들이 흥분하기 시작했다.

"공주서 출토된 유물은 우리 고장의 소중한 재산인데 멋대로 서울로 가져가다니……!"

분노한 공주 시민들이 집단으로 몰려와 유물의 서울 반출을 격렬하게 반대했다. 급하게 내려온 허련 문화재관리국장과 김원룡이 주민 대표들과 협상을 벌여 합의를 봤다.

1. 공주에 무령왕릉 출토물을 전시할 박물관을 짓는다.
2. 그전에 유물의 보존 처리와 보고서 작성을 위해 임시로 국립중앙박물관으로 이송한다.

이 약속은 지켜졌다. 1972년 무령왕릉 유물 보존을 위한 국립공주박물관이 준공됐다.

왕릉의 저주는 계속된다

7월 14일 새벽 4시 무렵, 무장경관들의 호위 속에 유물을 실은 차가 공주를 떠났다. 차량들이 중간에 휴게소에 들렀다 출발하려

국립공주박물관에 전시되고 있는 무령
왕릉 유물들.

는데 문제가 생겼다. 문화재관리국장 차량의 운전기사가 넘어졌는
데 공교롭게도 엉덩이 정맥이 터져 운전을 할 수 없게 된 것이다.
일단 유물 차량과 호송 차량이 먼저 출발했다. 이번에는 모 신문
사 기자에게 뺨을 얻어맞았던 문화재관리국 과장의 지프차 운전기
사가 동대문 근처에서 어린애를 다치게 하는 사고를 냈다. 다음 해
에 서울대로 복귀한 김원룡 교수는 어찌어찌하다가 빚더미를 떠안
아 살던 집을 처분해야 했다.

　이렇게 조사에 참가했던 사람들이 파산하거나 가족이 수술하는
등 각종 우환이 뒤따랐다. 고고학계에서는 큰 무덤, 즉 왕릉을 파
면 액이 따른다는 유언비어가 떠돌았다. 별 이야깃거리도 안 되는
일들일 텐데, 무령왕릉 발굴에 관여했던 사람들의 불안감과 죄책
감이 낳은 유언비어라고 봐야 할 것이다.

이렇게 해서 고대사의 비밀을 풀 수 있는 수많은 정보가 엉터리 발굴 과정에서 영원히 미궁 속으로 사라졌다. 발굴 작업에 참가했던 고고학자 조유전은 다음과 같은 씁쓸한 회고담을 남겼다.

"무령왕릉 발굴은 고고학 발굴사에서 커다란 오점을 남겼다. 보도진들의 현장 공개 독촉과 공주 읍민 등 현장에 몰려든 일반인들의 이상 열기, 경비에 자신이 없었던 공주경찰서 등 여러 요인들이 복합적으로 작용해, 현장의 분위기는 어떤 거대한 힘에 떠밀리듯 통제 범위를 벗어나 걷잡을 수 없이 흘러갔다. 무엇보다 체계적인 준비 없이 왕릉 발굴을 하룻밤 만에 해치운 일은 씻을 수 없는 실수였다."

참고문헌

공지영, 『높고 푸른 사다리』, 한겨레출판, 2013.

공지영, 『수도원 기행 2』, 분도출판사, 2014.

국방부 군사편찬연구소, 『6.25전쟁사 7~8』, 2010.

국외소재문화재재단, 『우리 품에 돌아온 문화재』, 눌와, 2013.

권기훈, 『김창숙』, 역사공간, 2010.

권오영, 『고대 동아시아 문명교류사의 빛, 무령왕릉』, 돌베개, 2005.

기광서 · 김보영 외, 『한국전쟁기 남·북한의 점령정책과 전쟁의 유산』, 선인, 2014.

김경일, 『이재유 나의 시대 나의 혁명』, 푸른 역사, 2006.

김경임, 『클레오파트라의 바늘』, 홍익출판사, 2009.

김계동, 『한국전쟁 불가피한 선택이었나』, 명인문화사, 2014.

김동춘, 『전쟁과 사회』, 돌베개, 2006.

김삼웅, 『백범 김구 평전』, 시대의 창, 2004.

김삼웅, 『심산 김창숙 평전』, 시대의 창, 2006.

김삼웅, 『약산 김원봉 평전』, 시대의 창, 2008.

김성동, 『꽃다발도 무덤도 없는 혁명가들』, 박종철출판사, 2010.

김성보 · 기광서 · 이신철, 『북한현대사』, 웅진지식하우스, 2004.

김영호, 『한국전쟁의 기원과 전개과정』, 두레, 1998.

김자동, 『임시정부의 품 안에서』, 푸른 역사, 2012.

김정형, 『20세기 이야기 : 1950년대』, 답다, 2012.

김호웅 · 김해양, 『김학철 평전』, 실천문학사, 2007.

김희곤, 『만주벌 호랑이 김동삼』, 지식산업사, 2009.

남도현, 『히든 제너럴』, 플래닛미디어, 2009.

데이비드 헬버스탬, 『콜디스트 윈터』, 살림, 2009.

마이클 매클리어, 『베트남 : 10,000일의 전쟁』, 을유문화사, 2002.

문화재청, 『수난의 문화재』, 눌와, 2008.

박명림, 『한국 1950 전쟁과 평화』, 나남, 2002.

복거일, 『리지웨이, 대한민국을 구한 지휘관』, 백년동안, 2014.

션즈화, 『조선전쟁의 재탐구』, 선인, 2014.

신기철, 『국민은 적이 아니다』, 헤르츠나인, 2014.

신명식, 『대한민국 임시정부의 안살림꾼 정정화』, 역사공간, 2010.

신명호, 『고종과 메이지의 시대』, 역사의 아침, 2014.

아마가와 에미코 · 기무라 요이치로, 『조선왕실의궤의 비밀』, 기파랑, 2012.

안재성, 『박헌영 평전』, 실천문학사, 2009.

윤태호, 『인천상륙작전 1~6』, 한겨레출판, 2014.

이구열, 『한국문화재 수난사』, 돌베개, 2013.

이대용, 『두 번의 혈전』, 백년동안, 2014.

이사벨라 버드 비숍, 『한국과 그 이웃 나라들』, 이인화 옮김, 살림, 1994.

이삼성, 『동아시아의 전쟁과 평화 2』, 한길사, 2009.

이상돈, 『미 해병대 한국을 구하다』, 기파랑, 2013.

이원규, 『김산 평전』, 실천문학사, 2006.

이이화, 『해방 그날이 오면』, 한길사, 2004.

이정식, 『20세기에 다시 보는 해방후사』, 경희대학교 출판문화원, 2012.

이정식, 『대한민국의 기원』, 일조각, 2006.

이정식, 『여운형』, 서울대학교 출판부, 2008.

이철, 『경성을 뒤흔든 11가지 연애사건』, 다산초당, 2008.

이충우 · 최종고, 『다시 보는 경성제국대학』, 푸른 사상, 2013.

이태진, 『외규장각 도서를 찾아서』, 지식산업사, 2010.

이해동, 『만주 생활 77년』, 명지출판, 1990.

장도영, 『장도영 회고록, 망향』, 숲속의 꿈, 2001.

정운현, 『친일 · 숭미에 살어리랏다』, 책보세, 2012.

정운현, 『친일파는 살아 있다』, 책보세, 2011.

조문기, 『조선혁명군 총사령관 양세봉』, 나무와 숲, 1990.

조유전, 『백제고분 발굴이야기』, 주류성, 2005.

한성훈, 『가면권력』, 후마니타스, 2014.

허종, 『반민특위의 조직과 활동』, 선인, 2003.

혜문, 『빼앗긴 문화재를 말하다』, 작은숲, 2012.

숨어 있는
한국 현대사 2

초판 1쇄 펴낸 날 2015. 2. 12
초판 2쇄 펴낸 날 2015. 11. 3

지은이   임기상
발행인   양진호
책임편집 위정훈
디자인   강영신
발행처   도서출판 인문서원

등 록   2013년 5월 21일(제2014-000039호)
주 소   (121-894) 서울시 마포구 양화로 56 동양한강트레벨 718호
전 화   (02) 338-5951~2
팩 스   (02) 338-5953
이메일   inmunbook@hanmail.net

ISBN   979-11-952090-7-1 (04900)
         979-11-952090-8-8 (세트)